주병오 시집
# 겨울 소나무 2

시와산문사

## 자서 自序

나에게 있어 시는 그리움 외로움 슬픔 뒤에 긴 밤 하얗게 살라 먹고 태어나는 진주같이 영롱한 아침 이슬인 것이다. 방황 끝에 찾은 고향이요 고통스러웠던 삶 속에 한 줄기 빛이다. 다비茶毘 속에 사리 숨켜요 일생을 설레임으로 흠모하는 님이다.

모름지기 시는 창조요 자기만의 색깔을 지녀야 하는 것이리라. 나의 시는 붉은 색도 아닌 희지도 검지도 않은 풀잎같은 녹색이고 싶다. 그것은 자성의 색이요 화합의 색이요 생명의 색이기 때문이다.

여기 실린 졸작들은 삶의 쓰레기를 불태워 녹아내린 사금파리 구슬이요 아직 불타며 헤매이는 보헤미안의 눈이기도 하다. 이제 세파에서 뭉쳐진 암덩일랑 토해내고 어머니의 품에 살리라.

싱그러운 숲 사이로 따스한 햇살이 쏟아져 형형색색 나비와 새들의 노래 소리, 비오는 날 개구리 맹꽁이, 가을 밤 귀뚜라미의 은어들, 그들 속에 내 노래가 어우러져 하모니를 이룰 때 나는 죽어도 아니 죽음이리라.

세상에 단 하나 생명을 품은 지구환경이 기후변화로 갈수록 위기로 치닫고 있다. 경칩이 한참 지난 봄임에도 함박눈이 내린다.

예기치 찮은 강풍으로 강산이 화염이 쌓이는가 하면 만년설이 녹아 지구촌 곳곳이 상처투성이다.

뒤틀리고 옹이 진 삶 속에서도 순수를 잃지 않도록 일깨워준 자연과 신과 모든 이들의 사랑에 목이 메일뿐이다.

을사년 봄 날에
夫岩 주 병 오

## 차례

자서 自序

# 제1부 사모곡

- 10 　사모곡 思母曲
- 12 　기다림
- 13 　들꽃 사랑
- 14 　연어의 실루엣
- 15 　어머니 • 1
- 16 　어머니 • 2−침묵의 산
- 17 　무소유−법정 가시는 날에
- 18 　올레
- 19 　수묵화 水墨畵
- 21 　새해 기도
- 22 　질경이 車前子
- 23 　석류 石榴
- 24 　회한의 서 書
- 25 　새해 소망
- 26 　행복 배달부
- 27 　무궁화 향기
- 28 　행복한 인생

# 제2부 겨울 소나무

- 30 　겨울 소나무
- 31 　거울 앞에서−가을 소묘
- 32 　출판도시

강남에서　33
포장마차　34
인터넷 사랑방　35
회복실에서-시조　36
그리운 깃발 • 1　37
라사로 가는 길　38
자유 가두기　40
춘몽 春夢 -번데기의 꿈　41
봄을 기다리며　42
만추 晩秋 -봄을 기다리며　43
도반 道伴 • 1　44

# 제3부 파종

길 • 1-다시 오는 봄을 위하여　46
파종 • 2-불나방　47
봄 눈이 내리네　48
텃밭　49
낙엽을 태우며　50
소통 疏通 -스마트폰 시대　51
호수의 아침-헤이그에서　52
파종 • 1　53
눈꽃 피는 날　54
만종 晩種 -하지만　55
낙엽을 밟으며　56
동해 해오름　57
평화의 날개　58

## 제4부 천지에서

60 천지에서
61 진주성에서
62 한라산에서
63 경포호에서
64 가파토키아의 이방인
65 성산 앞바다−우도에서
66 장흥 강진−천관산에서
67 봉평장에서
68 산사에서
69 안산에서
70 아르메니아에서
71 팔마섬에서−안익태 거리
72 노르웨이에서
73 암스테르담에서
74 덴마크에서

## 제5부 아리랑

76 도반道伴・2
77 회한悔恨−밤 항구에서
78 실향민의 노래
79 민초民草
80 꿈・3
81 금강산 여행
82 삼일절에 붙혀
83 떠돌이 개
85 아리랑

도반 삼대     87
     겨울 바다     88
개미는 외롭지 않다-중소기업 사장 영전에   89
     정선 아리랑    90
뉴 밀레니엄 뉴스-끊이지 않는 전쟁이여   91
     독도     92
     새 거울-조국의 길    93
     내린천은 말한다    94
     여명黎明의 바다    96
     틈     97
아! 이 땅이여 사람들이여    98
태풍에 기대어-공과와 죄과    99
산청 뻐꾸기-화마의 이단아    100

## 제6부 감사와 행복

     감사와 행복    102
겨울 밤-나는 누구의 무엇으로 남을까?   103
     출판도시 연가    104
     옷장정리    105
     책 소리    106

## 제7부 살며 생각하며

     나는 누구인가    108
     연변의 아침    110
순흥順興 소수서원紹修書院   116
     행복을 낳는 사람들    123

126 보통 사람과 성자聖者
129 녹색 문학
135 금아琴兒
137 사모곡思母曲
140 긍정이라는 구슬
142 아름다운 색깔
143 아들아 딸아, 신바람을 내 보렴
145 어울림
146 내가 본 부처님

## 시인 조명 주병오의 시 세계

150 대표시 천지에서 외 3편
153 신작시 수묵화水墨畵 외 3편
  **체험적 시론**
157 어제와 내일을 조우遭遇하며, 끝없이
  삶의 쓰레기를 태우는 작업
  **주병오 시인의 시 세계**
164 나를 세우고 확장하는 시 쓰기 – 주병오 시인의 시들

황정산 시인, 문학평론가

제1부
# 사모곡

# 사모곡 思母曲

어머니!
철부지 시절 전쟁이 할키고간 폐허에서 밭을 일구는 당신의 품을 차라리 도망치고 싶었습니다. 길도 꿈도 없었지만 그보다 어머니의 갈퀴 같은 손과 암울함이 자꾸 비뚤어진 나를 만들어 갔습니다.

어느 날엔가 흐르는 강 언덕에서, 아침 햇살을 먹음은 풀밭에 어린양과 먹구름 위에 파란 하늘이 실루엣으로 나타났습니다.

새 모자를 쓰고부터 끊을 수 없는 동아줄이 우리를 묶고 있다는 것을, 당신이 누구를 위하여 눈보라 가시밭 길을 걸어야 했는지도 알게 되었습니다.

어머니!
"당신의 고생이 행복"이라는 말씀에 헛웃음을 흘리지 않을 수 없었습니다.

당신은 오직 자식들의 새 길을 위해 묵묵히 되돌아올 수 없는 고난의 사막을 가셨습니다.

이제는 머나먼 길을 떠나신 어머니
내게는 눈물과 한숨으로 보낸 당신의 세월만이 자리하고 있습니다.

그러나 나는 당신을 보내지 아니 하였습니다.
슬픈 일이나 기쁜 날에도 당신은 내곁에 계십니다.
내가 죽는 날까지, 아니 피안彼岸의 세계에서도 당신은 내곁에 살아 계실 것입니다.

---

"계절문학" 2009년 가을호

# 기다림

창밖 눈부신 석양이 안경을 벗길 즈음
하루의 무게가 눈거풀을 덮는다
안개 속에 그리운 사연들이 주마등처럼 스친다

세월은 강물처럼 흘러
덧없던 삶의 뒤안 길에도
계절 따라 꽃은 어김없이 피어나는데

언젠가부터 멀어진 사람을
아! 이제는 다시는 못 볼
잊을 수 없는 사람아 세월아

기다림은 끝내 허공을 맴돌 뿐
노을은 저토록 아름다운데
어찌하여 눈부신 낙조만 바라
소식없는 기다림에 젖는가

## 들꽃 사랑

당신을 만나기 전 나는 잡초였네
밟히고 꺾이며 다시 일어나
꽃을 피우려 모진 날을 보냈네

당신의 따스한 그 눈길에
나는 청순한 들꽃이 되었다네
아! 당신의 눈빛은 내 심장 엔돌핀

당신을 만나기 전에 나는 시들은 꽃
이름도 없이 보잘 것 없는 들꽃
산과 들에 아무렇게나 피었다네

보슬거리는 당신의 눈길에
나는 예쁜 색깔로 다시 태어났다네
아! 당신은 나의 태양 나의 생명

## 연어의 실루엣

그 넓은 바다를 뒤로 하고 왜 하필
알몸 겨우 잠길 실개천으로 왔을까
자유는, 때로 자유를 위하여 자유롭지 못한 것

스스로 택한 자해
무엇이 그토록 귀한 존재일까
남은 건 만신창이 껍질과 씨알뿐

자손만대를 향한 핏빛 몸부림
들리지 않는 영원의 울부짖음
대를 잇는 생명의 처절함

취해 늘어져 버린
암각화로 흐릿해질 때까지
가시밭을 비틀거려 찾는 곳

나는 누구에게 무엇일까
산다는 것은
잊혀진 영화 속의 실루엣

---

"계절문학" 2009년 가을호

# 어머니 • 1

몇 날일가 별밤을 지나
당신 곁에 가는 날까지
불러도 아니 불러도
당신은 내 곁에 계십니다

산산히 부서진 꿈 뒤에
쫓기는 사슴처럼
서러운 날에도 언제나
당신은 내 곁에 계십니다

당신이 내 곁에 계시던 날엔
미처 몰랐습니다
그 가날픈 몸매가 큰 산인 줄
예전엔 미처 몰랐습니다

이제 당신은 가고 아니 계십니다
이제야 나는 당신을 알 것 같습니다
손이 왜 그토록 갈퀴를 닮았는지
깊게 패인 주름이 무엇을 말하는지

# 어머니 · 2
### -침묵의 산

당신은 산 이었습니다
세상에 뜻을 세우고
쓰디쓴 인내를 배우고
사랑을 심어준 것도
당신 생전에는
미쳐 몰랐습니다

험한 산을 오르며 보았습니다
사랑하는 사람이 바위가 되고
샘이 되고
푸른 솔이 되고
바람이 불어와
새 날이 열린다는 것을

눈부신 노을 어스름 속으로
파랑새 날아가 버리고 아직
꿈만이 허공에 펄럭일 때
걸어 온 길 되돌아 보니
눈물강 휘돌은 산은 어머니였습니다

# 무소유
### -법정 가시는 날에

산하를 포근히 감싸안은 눈과 함께
당신은 내게 오셨습니다
언제나처럼 고난으로 헤매이는
어리석음을 용하게 아셨습니다

당신을 기리는 일마저 번거로울까
무소유란 말마저 누累가 될까
산소 같은 삶을 사신 임이여
나는 당신을 보내지 않았습니다
당신은 내 곁을 떠나지 않으셨습니다
당신은 내 안에 자리하고 계십니다

평생 스승을 모시지 못한 굴곡의 여로에서
단 한 장 책 갈피에서의 만남이 이토록
또 하나의 나를 만들 줄은 미처 몰랐습니다
당신은 수용하는 나를 만들었습니다
당신은 포용하는 나를 만들었습니다
당신은 새털 같은 내 가슴을 만들었습니다

이제 하나만을 생각하려 합니다
오직 한 가지만을 추구하려 합니다
그 길이 아무리 험난한 길일지라도
당신의 그 길을 가려 합니다

# 올레*

지나온 길 되돌아 등짐 내려놓고
새처럼 가벼이 이 길을 가네
스치는 바람은 울 걷으라 하고
솔은 나더러 청산에 살라 하네

때로 자갈밭 거친 행로에
얼굴은 붉은 피로 물들지만
성난 파도가 밀려와 하얀 포말을 토하듯
울혈은 한없는 바다에 묻으련다

이 길은 온몸으로 걷는 길
끊어진 언어들이 눈물 속에 들어와
흐릿한 등불로
밤길을 비추리라

이 길은 내일로 가는 길
샘이 솟아 흘러 흘러 시내가 되고
아픈 상처들이 모여 모여
너른 바다에서 아물어 간다

*제주도의 제주도 사람들이 개발한 생태체험과 사색의 길로 만든 13로

"시와 녹색", 2010년 호

# 수묵화 水墨畵

화선지에 스며드는 발묵 潑墨
두려움 있는 듯 없는 듯
호기심 가득 감추어진 나신 裸身
새하얀 세상에 두루마기 무명치마
말총갓 검은 물동이 비빔밥 같은
흑백의 배달민족
침묵이 내려앉아 고요하다

   매 梅
혹독한 설한을 뚫고 피워 낸
가여운 절개여 청순함이여
춘향의 넋인기 눈망울인가
가녀린 심성 가슴에 품어
실한 열매 맺는구나

   난 蘭
간드러지듯 휘어진 자태
순박한 누이의 향기
범접할 수 없는 기품
안으로 안으로만 사모하는
신비의 여인이여

국菊
아름다우나 화려하지 않은
멀어질수록 푸른 그리움
빼어났노라 앞 다투어 피는
계절 뒤에 찬서리 머금고
떠난 이를 위한 꽃이여

죽竹
하늘 우러러 한 점 부끄럼 없는 자
휘어질지언정 결코 부러지지 않는
지조와 절개가 고고한 선비
물욕物慾 비운 마른 잎새
그대는 오직 딸깍발이

"시와 산문" 2004년 여름호

## 새해 기도

새 해가 떠오르거든 눈부신 찬란함보다
먼 산 아득한 수평선을 바라보게 하소서

한낮에 태양보다 어두운 곳에 시선 머물게 하소서
아름답게 활짝 핀 꽃보다
고개 숙인 결실의 수고를 보게 하소서
남의 허물을 들추지 않고
나의 허물을 감추지 않게 하소서

나서기보다는 보이지 않는 곳에서
이로움보다는 의로움을,
고집보다는 화합을 소중히 여기게 하소서
법보다는 도리를 먼저 행하는,
그리하여 바다 같은 사랑을 깨닫게 하소서

## 질경이 車前子

너를 볼 때마다 숙연함에 고개 숙인다

전장戰場 쇠바퀴에도
꿋꿋이 일어서는 기개여
죽음을 불사한 비폭력 저항

남을 해害할 줄 모르는 심성
어제는 맛있는 나물로
오늘은 건강 찾아주는 약초로

원수를 사랑하라 하는구나

# 석류 石榴

척박한 대지에 피어난 꽃이여
이국 만리 원삼圓衫 처럼 곱게도 피었구나

초여름 아침 이슬 붉게 머금고
촉촉이 젖은 여인의 입술

가슴을 찌르는 전율
달콤한 그대 입맞춤

그리움에 젖는 눈
길잃은 나의 사랑이여

# 회한의 서書

수많은 오늘을 속이고 후회하지 말라
내일이 나를 속인다 탓하지도 말라
삶에 가장 소중한 날은 오늘이니
하루라도 오늘을 헛되이 말라
오늘은 또 다시 오지 않으리니

오늘이 모두 떠나 해가 지고
올해가 모두 떠나 눈서리 내리면
그리움에 어리석은 눈물 흐를지니
오늘을 귀히 여기는 자
그대가 가장 현명한 사람이다

## 새해 소망

욕망보다는 작은 희망을 심게 하소서
삶의 무게를 내려 새털 같게 하소서
열정 또한 나눔으로 하루하루 소망하며
부지런함으로 작은 열매 맺게 하소서

깊은 사랑으로 가벼운 입맞춤하게 하소서
가여운 이를 먼저 포근히 안게 하소서
불평보다는 무엇을 도울 것인가 생각하여
새로운 미래를 위하여 희생하게 하소서

비움과 보람으로 넉넉함을
소식 小食 의 편안함을 느끼며
감사하는 마음으로 행복 누리게 하소서
돼지에 반 反 하는 삶으로 황금돼지 되게 하소서

황금돼지 새해 아침에

# 행복 배달부

하부지
두 살 박이 손자
엄마가 내려놓지 쪼르르 달려온다
안방 문을 빼꼼이 열고 또
하부지
오구 오구 우리 손주 왔어요
응, 헤헤-
달거리로 만나 낯을 가리더니 그 새
유난히 긴 속 눈썹 사이로 입력된 모양이다
얽히고 설킨 지리한 일상
기쁨 전도사사 방문한 것이다
하부지, 밖에
응? 아추 바람
으응, 진율이 밖에-
한사코 나가잔다
앙징스럽고 보드라운 손으로 내 목을 껴안는다
아직 꽃샘바람이 맴도는 공원을 거닐다
하부지, 아야 아야 눈
내 얼굴을 올려보다 시린 하늘 햇살에 찔렸나
번쩍 안아 반짝이는 이슬을 닦아준다
이제 내게도 봄이 다시 오려나 보다
풋내나는 가슴에서 따스한 행복이 전해 온다

# 무궁화 향기

'나라 사랑한다'는 말이 계면쩍어
침묵의 언어로 뿌린 씨앗이
어느 새 작은 정원에 흐드러지게 피었네
순백에 향기없는 조국의 꽃이여

오뉴월 붉게 핀 정열에 장미
노래 속 한들거리는 코스모스
그 가운데 모질고 곧은 무궁화 줄기
나라 걱정 안타까운 민족의 숨결

## 행복한 인생

작은 미소가 행복이라는 것을 미쳐 몰랐습니다

굶주림이 병은 아니었다는 것
따듯이 쉴 곳이 있다는 것
기대일 사람이 있다는 것
까르르 웃어주는 아이가 있다는 것

남보다 넉넉지 못하다
세상에 내 집이 없다
사랑보다는 비교에 집착하여
좁은 테두리를 벗어나지 못하였습니다

내려 놓아야 더 큰 것이 보인다는 것
눈물은 흘릴수록 홀가분해 진다는 것
행복은 내 안에 있다는 것
비움+사랑=행복이라는 등식을 배운 것은

노을이 서산 마루에 뉘엿한 날이었습니다

## 제2부
# 겨울 소나무

# 겨울 소나무

겨우내 눈서리에도 푸르름 간직한 채
늘 푸르게 살라 하네
밑동까지 언 발 내보이며
혈관을 얼리지 말라 하네

인고의 세월
옹이 허리 곧추세우고
어리석은 낙망에 빠진 자
슬기를 찾으라 하네

깎아지른 절벽 바위틈에서도
하늘 우러러 고개 치켜들고
절개 있으라 하네
기상을 품으라 하네

허물벗은 신의 손으로
삶을 기워 가며
사육신 넋이 낙락장송 되어
황룡사 벽에서 뭇새들 쉬어가라 하네

---

"한국시 대사전" 2002년

# 거울 앞에서
### -가을 소묘

그윽히 바라보라
뛰는 가슴 잠재우는
푸르름 끝 형형색색의 어울림

물상의 불빛을 쫓는 동안
단풍 저물어 낙엽 날리고
책갈피에 남겨진 소망
흘러간 별과 바람 속에
이별을 잉태하는 창백함이여
이제는 놓아주어야 할 그대
허공 속 기약없는 기다림
엄동嚴冬으로 가는 밤 열차

주마등 같은 빛깔들
수확의 햇살은 내일을 약속하는 데
애상에 젖는 그리운 눈빛

# 출판도시

자유로를 달려 교하에 가면
끊어져 더 나아갈 수 없는 대로 大路
기러기만이 남 북의 시름을 나른다

여기는 뜻을 품은 숙주의 도시
눈을 들어보면 헐벗은 북녘 땅
서해 건너 대륙에서 불어오는 희망의 메시지
미래를 여는 반짝이는 눈 눈 눈

그 옛날 교하 交河 에 새겨놓은 율곡과 황희의 자취
오늘 이 땅에서 꽃피우고 있다
두 물*이 어우러져 바다로 나아가듯
도시의 바이러스가 대양 大洋 으로 나아가고 있다

*두 물 : 한강과 임진강

"문학의 뜰" 제14호

# 강남에서

젊은 도시의 거리는 백야
봄 여름 가을 그리고 겨울 꺼지지 않는 불
그곳에는 불나방들이 모여 산다

이곳의 밤은 화려한 폼페이
음흉한 짐승들의 거래
하루살이들의 광기

태양이 맑은 하늘에 떠오르면
표독스런 늑대들의 눈빛
삼삼오오 머리를 맞댄다

치솟는 아파트
속살 드러낸 욕망
그곳에 이끌리는 젊음들

이곳의 끼는 티브이를 타고
이곳의 끼는 문화를 만들고
이곳의 끼는 한류를 만든다
아! 진정 우리의 미래가 그곳에 있는가

## 포장마차

도심에 땅거미 내리면
가슴 가슴 밝혀 주는 등불

어떤 이는 손재損財를 말하고
떠나버린 사람으로 눈물 뿌리고
세월을 한탄하지만
희미한 등은 어미같은 눈빛

대하大蝦의 허리처럼 굴절된 세상사
소주는 달아오른 언어들을 부추기고
회한은 빈 병 되어 쌓여 가는데
속절없이 목청만 높아가는 에너지

"우리에겐 내일이 있다"
깜깜한 밤하늘에 별들이 쏟아지고 있다

## 인터넷 사랑방

속세에 촛불 하나 꺼지지 않는 방이 있습니다
정이 흐르는 사랑방이요
때로 얼굴 찌푸리게 하는 망언도 띄지만
이 방에는 해맑은 그림이 가득합니다

어쩌다 심사가 불편할 때
슬며시 이 방을 들여다보면
보슬비의 속살거림이 가득합니다
이 방에는 따듯한 언어가 가득합니다

## 회복실에서
### －시조

홍도화 흐드러져
봄을 잃은 한숨 소리

볕 지자 그늘지고
저문 공간 시름 차네

노을빛 쏟아진 병실
영면永眠인가 새 삶인가

# 그리운 깃발 • 1

빛바랜 붉은 깃발 길 잃고 섰다

새싹이 돋아 나고
태양이 이글거리는 한낮을 지나
둥실 떠오른 만월의 기쁨 뒤에
하얀 눈의 대지가 시린 오늘

허공에 펄럭이는 우리의 깃발

붉은 띠는 소리만 높이는데
포용의 계절은 오지 않고
봄이 와도 녹지 않는 동토
북풍 칼바람에 시달린다

아! 녹색하늘의 태극 깃발이여

# 라사로 가는 길

산을 넘고 또 넘어
지구에 선을 그을 만큼
황량한 절반의 한 해가 간다
오체투지로 나무 손이 몇 개나 닳고
가축 앞치마가 너덜너덜하다
한 잔의 차와 빵 한 조각
얼굴 가득 함박웃음 꽃 핀다

티브이에 비친 고난의 행복
낯선 환경이 눈들을 모은다
미련한 사람들……
그러나 그들은 알고 있다
남루 속에 담겨진 행복을
어디서 왔다가 어디로 가는가를

화사한 꽃과 나비의 계절
비좁은 우리에 갇힌 고기소처럼
통제되지 않는 식욕
오장육부에 기름이 쌓이고
시커먼 숙변으로 불룩한 배들이
안락한 소파에 파묻혀 그들을 바라본다

이곳에도 넘어야 할 산들이 있다
풍요를 위한 끝없는 생존경쟁
고통은 언제 어디서나
삶 속에 살아 숨 쉬는 법
한 치 앞이 보이지 않는 일상
무엇을 보고 가는 것일까?
나는 어디서 왔다가 어디로 가는 것일까?

# 자유 가두기

먼동을 찾아 나서는 어부에게
금빛 바다는 희망이다
눈꺼풀이 내려앉은 오늘
날마다 뜨고 지는 태양은 그저 일상일 뿐
찬란한 태양은 고뇌로 다가 온다

구름 위를 나는 비행기에서
험난한 준령과 짙푸른 바다를 내려다 본다
이 얼마나 가슴 서늘한 자유인가
기내는 자유인들이 숨을 죽이고 있다

한없는 우주에서 태양이 낳은
신이 허락한 오직 하나뿐인 생명의 행성
지구도 진정 몸살을 앓고 있다
추위와 무더위와 홍수와 쓰나미
인간의 방종에 심사가 뒤틀린걸까

그러나 봄은 또 오고 윤회의 길목에서
때로는 자유를 가두지만
꽃은 다시 피어나고 열매를 맺어
하늘이 푸른 세상을 만들어 간다

---

"녹색신문" 2009. 10. 30

# 춘몽 春夢
## －번데기의 꿈

세상을 하얗게 뒤덮은 설한
나는 아직 꿈 속에서
긴 긴 명주실을 만들겠어요

봄바람이 언 땅 파헤칠 때
내 몸 한 올 한 올 풀어
당신의 비단옷을 짜겠어요

그리고 허물 벗고 나비가 되어
아릿다운 당신의 자태를 따라
팔랑 팔랑 하늘을 날 테에요

언젠가 당신이 싫다시면
나는 또 꿈 속으로 들어가
우리를 묶을 명주실을 만들테에요

---

"한국시 대사전" 2002년

# 봄을 기다리며

시련의 세월이 흐르고
기적같이 넘어온 파고
탐욕 가득한 잎사귀 벗고
겨울나무는 그렇게 떨고 섰다

눈물은 또 하나의 기쁨을 잉태하고
순백의 함박눈이 슬픔을 덮는다
마른가지에도 물이 흐르듯
연두빛 봄은 오겠지

도시의 다람쥐 쳇바퀴 돌리듯
어두움 내리면 찾아드는 곳
오늘도 그리움이 쌓여 있다
나에게도 봄은 오고 있을까?

겨울비 너머 햇살이 눈부시다
참으로 오랜만에 내 가슴에도
일곱 빛깔 무지개가 곱다
내일은 태양이 봄을 부르려는가

---

"안전기술" 2002년 2월호

## 만추 晚秋
### －봄을 기다리며

낙조같은 죽음 앞에서
고운 빛을 발할 수 있다면
모두가 떠난 빈밭에서
홀로 이삭을 줍겠어요

아니에요 이 들판을 갈아
초록빛 탐스럽게 피어오를
씨앗을 뿌리겠어요
우리의 새로운 열매를 위하여

겨울은 싸늘한 고독을 몰고 와
새파란 희망을 꽁꽁 얼리겠지요
황량한 들판에 떨고 서 있는
앙상한 나무가 가여워요

봄은 정녕 오는 걸까요
회색 담장 너머 희디흰 목련
임의 향기 가득한 라일락들이
다시 올 봄을 기다리고 있어요

---

"시와 산문" 2004년 여름호

# 도반 道伴 · 1

흘러내리는 속세의 집착
푸르른 산마루에 묻어 버리고
시공이 정지된
산사에서 밤을 맞는다
고요가 내려 머리를 맑게 한다
적막을 깨우는 인경소리
십육나한에 쫓기어 잠 못 이루는 밤
번뇌가 어느새 옆 자리에 누웠다

충혈된 눈으로 새벽 예불을 올린다
백팔 배 삼천 배
등어리가 흥건하다
다리가 후들거린다
이렇듯 약해진 걸까 보신을 해야 하나?
오르던 그날처럼 바라를 메고
내려놓은 것 없이 내려오는 길
고요 속에 검은 그림자가 함께하고 있다

제3부

**파종**

# 길 · 1
### －다시 오는 봄을 위하여

한파 넘어 이정표 없는 갈림길
무거운 짐 내려 휘어진 허리를 세워본다

잔설 사이로 해살거리는 진달래
봄 볕 노오란 개나리 꽃망울
어미 닭이 대지를 헤치며 꼬꼬꼬
병아리들이 쪼르르 달려온다
까르르 뛰어 놀던 유년의 동산

전쟁의 폐허 사이로 눈부시던 이층 교사
꿈을 키우던 여명의 유학 열차
대양의 야릇한 향기
아! 그 날의 새벽 바람
그것은 콜럼부스의 나침반이었다

하루하루 포연 없는 전쟁터
나를 위한 나와의 싸움
안도할 수 없는 가쁜 호흡
아물지 않는 육신의 상처
그것은 차라리 지구촌의 눈물이다
이제 깊은 들숨 쉬고 심신을 추슬러야겠다
더 넓은 항해를 위하여

# 파종 • 2
### －불나방

불을 얼마나 좋아하는 걸까?
화마 유혹에 현혹된 걸까?
날개와 더듬이를 사르며
온몸 태워 달려드는 까닭은

잠 못 이루는 번민의 밤
목덜미에 흥건하게
소스라쳐 비틀거린다

하얀 밤 지새운 나날
촉수가 무딜수록 식지 않는 고뇌
한 걸음 한 걸음 불빛을 향해
그 끝은 불 속을 뛰어드는 일이다

육신을 태워 양식이 되고
향불이 되어 누군가 이어나갈
한 알의 씨앗을 파종하는 것이다

# 봄 눈이 내리네


지지개를 켜니 아침 햇살이 눈부시다
나무마다 온통 눈꽃에 마음마져 정갈하다
춘분이 내일 모레인데 웬일일까?

"지구환경이 변화하고 있다
 북극 지방 찬 고기압의 남하
 아열대 지방의 덥고 습한 공기 북진"

모두들 요인을 늘어놓지만 지구촌에는
약육강식 弱肉强食 강자논리 强者論理 가 지배하고
공정 公定 양심 良心 이 설 자리를 잃어

서릿발같은 신神의 설법說法
새하얀 순수純粹를 내뿜었느니
토끼 귀 쫑끗 세울일지어다

# 텃밭


손바닥만한 울안 텃밭을 간다
엊그제 심은 고추가 제법 바알갛다

그 옛날 어머니 밭의 새끼들같이
부추며 들깨 푸성귀도 제법 푸르다
그림자 같은 새끼들 까만 눈망울
수심 가득한 어머니 눈물
희망 심던 까칠한 모습

튼실한 자식들 건강을 심었다
어머니 극락왕생을 심었다

# 낙엽을 태우며

가슴 속 앙금을 태운다

불붙은 바람도 사라진다
매콤한 슬픔은 어느 덧
시월의 마지막 태양 속으로
더욱 붉게 타오른다

가도 가도 끝없는
우리가 가는 이 길
때로는 걸음을 멈추고
잠시 뒤돌아 보자

가을 나무들이 수관을 비우듯
헐벗은 하루 해 노을이 눈부시다
서리 내린 어둠이 깔리면

끝은 언제나 한 줌의 흙

---

"시와 산문", 2000년 여름호

# 소통 疏通
### −스마트폰 시대

사람들은 안개 속에서 이놈만을 의지해 가고 있다

지하철에서 버스에서 거리에서 누구나
이놈을 귀에 꽂고 안개 자욱한 밤길을 간다
지구촌에서 일어나는 일들이 모두 귓구멍으로 들어온다
지하철에서 여인의 성추행 뉴스를 듣는다
버스에 앉아서 기사 폭행 소식
비오는 거리에서 폭우로 실종된 이야기
주인 없는 언어들이 곳곳을 날아다닌다

뒷통수에 심한 충격으로 눈앞이 캄캄해졌다
"젊은 여자가 술을 많이 마셨군. 쯔쯧"
사람들이 혀를 차고 지나갔다
"사−람−살−려!"
소리는 목구멍을 맴돌 뿐
언제나 처럼 안개를 홀로 헤집으며 비틀거린다
'술 취한 젊은 여성, 펀치기 당해 살해되다'

이놈은 새로운 소식을 뿌리며 안개 속으로 사라진다

---

"월간 문학", 2015년 6월 호

## 호수의 아침
### −헤이그에서

깨이지 않은 고요 속으로
반사된 햇살에 눈이 시리다
오리들에 봄의 왈츠
저 멀리 노 젓는 물소리
꿈꾸는 소년의 클로즈업
야릇한 향기에 콧등이 시리다

호수 위를 스치는 바람
서석거리는 갈대들의 향연
옷깃에 스며드는 고독
한 줄기 주르르 흐르는 눈물
아스라이 풍차의 바람을 타고
튤립의 짙은 향기가 흐른다

# 파종 · 1

가끔은 뒤를 돌아 보라
설레임과 두려움으로 돌아 보라
수없이 뿌려 놓은 씨앗이, 지금
어디서 어떻게 열매 맺고 있는가

반짝이는 나의 별을 바라보며
고통과 슬픔의 씨앗을 뿌린 건 아닌지
사랑하는 사람이 떠난 자리를
따듯한 눈빛으로 보라

시냇물은 강으로 흘러가고
오늘은 오직 오늘 하루뿐
포용의 씨앗을 흩날리자
사랑의 열매를 위하여

너른 들판에 사랑을 파종하고
육신을 거름으로 싹 틔워서
죽지 않는 영원의 나무가 되어
사랑이라는 울 안에 살리라

# 눈꽃 피는 날

일렁이는 동해 검푸른 파도를 잠재우고
눈부시게 떠오르는 새해를 맞으러
정동진으로 향한다

차량들 라이트로 밤을 지새는 고속도로
검은 에너지 끝없이 도로 위에 뿌려진다
아이들은 하얀 꿈 속에 아침을 만들고
아비들은 게스름한 드라이브로 새해를 맞는다

내일부터 새벽 등산을 해야지
겨우내 움추렸던 나무들이 물오른 듯
상큼한 아침 공기가 폐부를 채울 즈음
텔레비전에서 대설주의보를 알리고
다음 날 아침은 세상이 온통 순백색

−봄의 전령 제주에 상륙하다
눈 속에 핀 한송이 복수초와 함께
은유어의 조간 신문이 잠을 깨운다

"안전기술" 2002년 1월 호

# 만종 晩種
　　-하지만


내 섬에 꽃씨를 심겠어요
사나운 태풍들로 올곧게 자랄까요
비바람에 날아갈지라도
하지만 온 몸으로 감싸안겠어요

때늦은 파종이지만 너른 들에 심겠어요
황량한 대지에서 올곧게 싹 틔울까요
하지만 첫 새벽이면 나아가
정성스레 생명수를 뿌리겠어요

꽃이 피기도 전에 시들지도 모릅니다
때늦은 시기에 파종
오뉴월 땡볕으로
말라 죽을지도 모릅니다

하지만 씨앗을 뿌리겠어요
손가락 흐르는 피를 수관에 흘려
꽃과 열매를 맺게 하겠어요
또 하나의 미래를 심겠어요

---

"월간문학" 2004년 10월호

# 낙엽을 밟으며

하얀 솜사탕 조각
쾌청한 하늘 품에 오롯하다
엊그제 노란 은행잎으로 왔던 가을
어느 새 찬바람으로 다가와
빨강 낙엽 떨어져 쌓인다

그립다 말도 못한 이에게
가슴 속에 쌓인 단풍잎 하나
삭풍에 띄워 보낸다

보잘 것 없는 삶을 살면서
왜 이 붉디붉은 산하에
많은 사연을 묻는 것일까
아! 삶이 내려앉은 노을
스산한 풍광이 그리움을 더 하는구나

# 동해 해오름

황금빛 노을 등에 지고
이곳에 오면
푸른 설레임이 기다리고 있다

정다운 이들과의 어울림
해묵은 가슴 씻어내고
해뜰참 눈부신 희망을 맞는다

만남과 헤어짐이 우연이 아니기에
오늘 이별은
내일 더 좋은 인연이 되리라

# 평화의 날개


녹슨 철조망 넘어 유라시아 기차에 몸을 싣고
덜컹거리는 역사의 회오리 잠재우며
이제는 따듯해진 시베리아의 초원을 달린다

그 옛날 태초의 이미니가 떠나온 바이칼
뼈 속 깊이 시린 호수를 온몸에 담고
태양이 다시 뜨는 신세계를 달린다

한 세기 전 연해주에 일구어온 생生
황량한 서아시아에 내동댕이쳐진
자유와 평화를 목 놓아 불러본다

그 메아리 카파도키아 지중해를 건너
사하라 사막 총성이 멈춘 앙골라 초원에도
코끼리 눈망울에 비둘기 날고 있다

제4부
# 천지에서

# 천지에서

길 잃고 헤매이던 영혼
창백한 반쪽 얼굴로 오늘을 비추어 본다

바다를 돌아돌아 머나먼 수평선 끝자락
가문비 낙엽송 원시림숲 지나
자작나무마저 하얗게 누워버린
설한雪寒의 백두白頭에도
한 많은 민초民草들이 모진 뿌리내려
해맑은 새끼들로 꽃피우고 있다

아! 나는 누구인가
이 뭉클함
피끓어 뛰는 가슴
휘 돌아 보지 못한 옹졸함
타인의 아픔 따위는 아랑곳하지 않았다
그러나 두 뺨을 적시는 이 끈끈함

불러도 불러도 안개 속에 흩어지는 메아리뿐
그들과 내가 정녕 남이 아닌가

---

"한국시 대사전" 2002년

# 진주성에서


개나리 진달래 화사하게 어우러진 고성古城
오늘도 귓가에 쟁쟁한 어제의 함성소리

귀 잘리고 코 잘리어 나뒹구는 몸둥이들
누이의 능욕, 총칼 앞에 울부짖던 어머니
쫓기던 민초들이 보루에 모였다
터질듯 가슴에 맺힌 한을 안고
죽음을 두려워할 여유도 없이
목사牧使에서 기생까지 삼천의 마지막 사람들
삼만의 악귀들과 맞서 싸웠다
피비린내 진동하는 최후의 전장

잠들지 못한 영혼들이 꽃들로 피어나 묻고 있다
무엇을 보았는가? 길을 찾았는가?

# 한라산에서

아직 여명이 드리운
산마루에 서서
일출을 바라보며
광휘 속에 묻히는 목청을 돋운다

삶의 뒤안길에서 올올이 진
연을 풀으려
이글거리는 태양 아래
영욕의 산을 기어오른다

환희도 애증의 세월도
우주 속에 한 찰라
허무만이 남는 것이니
노여움도 슬픔도

눈부신 바다 위에 있어라

---

"한국시 대사전" 2002년

# 경포호에서

바다를 불러 참으로 오랜만에 몸을 섞었다
갇혀 있던 별들이 박차고 나와 반긴다
머리 속은 어느 새 에메랄드 빛

석양은 경포호를 삼키고
땅거미 내리는 언덕에서
초승달 술잔에 담아 오늘을 마신다

반겨 주는 이와 첫 잔을
회상의 이야기와 둘째 잔을
어느덧 잔은 정이 되어 돌아가는데

갈 길은 칠백리 꿈은 구만리
소쩍새 내일을 물고
어둠 속으로 사라져 간다

# 가파토키아의 이방인


하늘에서 밤을 보내고 맞는 이스탄불
오리엔트 특급열차 실크로드의 종착지
네온에 비친 말마라 해협
여명의 돌마바체 궁전이 위용을 자랑한다

사지가 굳어질 즈음 만난 노을 속의 예배소
동로마의 웅장함이 유적지 곳곳에 흩어져 있다
성모 마리아와 요한의 교회와 박해 흔적
캄캄한 준령을 지나 광야 끝에 다다랐다

수없이 많은 사암 움집, 성경의 광야
차디찬 기류를 타고 들려오는 고대인의 신음소리
이천 년 뒤 오늘을 위한 산고 產苦
음산한 진눈개비 두 볼 위에 흐른다

별빛마저 비껴 간 동굴
뼈 속 깊이 파고드는 스산함
두런두런 핏기 잃은 사람들의 암송소리
무엇으로 지폈을까? 온 누리의 빛을

# 성산 앞바다
### －우도에서

그리움 따라 바쁜 걸음 비껴 왔노라
찌든 의복 벗어
새 옷 바꾸어 입고서
넓은 당신의 품이 그리워
일출의 태양같은
희망 찾아 왔노라

깡소주 한 병에
도시의 쩔은 땀내가 날아간다
소 한 마리 소리없이 우는데
일출봉마저 먹구름 두르고
바다는 포말 위에 비를 뿌려
내 가슴 젖게 하는 구나

# 장흥 강진
― 천관산에서


천 년 잠을 깨운 것은
편백 숲 싱그러운 산소일까
나무 사이 눈부신 햇살일까

검은 하늘 머리에 이은 천관산
백련사 저만치 월광이 바다 위에
오묘한 한 줄기 빛을 발하고 있다

밝아오는 태양의 여명처럼
태고가 살아 숨쉬는
이곳엔 신들이 살아 있다

다산茶山이 여기에 온 것은
유배일까 임의 배려일까
혼돈 속에 교감했으리라

찬연한 자연에서
홍익弘益의 깨달음으로
실학實學을 집성集成 했으리라

## 봉평장에서

여행은 떠나는 것이 아니라
그리움과 만나는 것
장내음 물신 풍기는 보따리마다
아낙들의 정성들이 앉아 있고
봇짐 가득한 시골 버스
마을 마을 소문꽃이 피어난다

오늘도 난장에는 흥을 파는 엿장수
할머니 장국밥에 정이 넘친다
희미한 불빛 아래 삼삼오오
허 생원 정분 보따리 풀고
메밀묵에 탁배기 한 사발로
젊은 동이 녀석이 수작하고 있다

술잔에 어린 달빛 따라
그날처럼 길을 나서면
흐드러진 메밀꽃 달빛에 눈부시다
사잇길 걷노라면 어디선가 말방울 소리
그 옛날이 돌아와 정을 풀어내는
두런두런 장꾼들 이야기 소리 들려온다

"시와 녹색" 2003년호

# 산사에서

등허리로 흐르는 땀이 흥건하도록
이마를 훔치며 산을 오른다

언제나 침묵으로 반기는 바위들
골짜기마다 반짝이는 물소리
밟혀도 밟혀도 풀잎은 숲을 이루고
푸르름을 노래하는 매미소리
가슴이 설렌다

골짜기에 안개가 피어오르면
쪽빛 하늘을 머리에 이은 산사

길 잃은 무지랭이 품어 안은 좌불상
은은한 향내에 운무가 걷힌다
갈등과 욕망, 부질없는 집착
종소리 타고 사라진다

산다는 것은 한낮 찰나일 뿐
꿈결 저쪽은 어떤 세상일까?

## 안산에서


이 산에 오르면 떠오르는 어머니 얼굴
모진 심지 안으로만 삭이고
마르지 않는 생명수로 우리를 맞는다

연세 이화학당 넘어 금빛 한강은
탕아의 개선을 기원하는 어머니

봉수대에서 내려보는 애증의 세월
도읍을 설계하던 무학대사 발아래
어느 시대 독립의 염원이 섰고

애국의 꿈이 짓밟힌 역사의 현장
동족상잔 가슴 아픈 질곡의 현대사

개나리 철쭉이 화사한 저고리로 단장하고
아카시아 그윽한 어머니 향기
사연 많은 자식들을 품는다

언제나 푸르름 속에서 어떤 이는
업業을 토하고 또 활기를 되찾는다

# 아르메니아에서


늦 사월 눈으로 둘러싸인 신산神山들의 능선
시리도록 파란 하늘아래 머나먼 노아의 아라랏산
인간을 위한 코카서스의 눈물 세반 호수
그 옛날 노아의 후손들이 만든 에치미아진 대성당
거대한 절벽 위에 세워진 게르하르트 수도원

신과 인간들이 만들어낸 불가사의한 건축물
그곳엔 정령들의 묵언이 서려있다

신의 역사로 태어난 고대 중세 현대가 어우러진 예레반
갈색 흐라즈단강과 짙은 하늘색 아라쿠스강이 만나는 교하交河
가는 곳마다 구소련 시대 버려진 공장들이 을시년스럽다
살구 향기 가득한 구릉 아래 양떼들이 한가롭고
그 땅에 신과 아르메니아인들의 하모니가 평화롭다

정기 머금은 총명한 눈 친절한 그들의 표정
나그네 뇌리에 오래도록 남아있다

# 팔마섬에서
### －안익태 거리

고요히 잠든 지중해
검붉은 태양이 여명을 깨운다

크루즈 라인 에픽호에서
아름다운 섬 팔마 데 마요르카
장엄한 고대사를 카메라에 담는다
여기는 로마인들의 대서양 관문
지브랄타에서 불어오는 이슬람
홍해 거센 물결 위에 카톨릭

그 문화 충돌의 산물 팔마대성당
스페인의 여름 궁전 벨베르성

이 치열한 전사戰史의 섬 가운데
지구 반대편 식민지 청년
또 하나의 역사를 남기다
안익태 거리 대한민국 애국가 비碑
그들의 경건함이 거래에 흐른다
아! 형언할 수 없는 북받침

시공時空 이국만리에서 그를 보았다
남루濫樓 위에 위대함을

# 노르웨이에서

빙하의 세찬 바람이 밀려오는 툰드라
노르드 바이킹들의 롱십, 헐벗은 거인의 땅
그러나 신의 선물 장엄한 플롬 캐년에서
플롬라인*을 타고 수없는 폭포들과 마주한다
여기는 신이 만든 신비의 나라

만년설산 아래 호수가 초원
백야의 양들이 한가로히 풀을 뜯는다
선한 이들에게 또 하나 신의 선물 검은 황금**
이제는 문화와 예술을 사랑하는 뭉크 비겔란들***의 천국
게이랑에르 피요르드 유람선 카메라에 평화를 담는다

---

* 툰드라를 깎아지른 낭떨어지에 장대한 플롬 계곡을 돌아 돌아 오르는 로멘틱한 관광열차
** 최근 노르웨이 북해 해저광구에서 분출한 막대한 석유로 노르웨이는 세계 10대 부국이 되었다.
*** 노르웨이가 자랑하는 구스타브 비겔란 조각공원. 작품 193점으로 3700m²면적에 세계적인 규모로 조성되어 있다.

# 암스테르담에서

바닷물이 스며드는 좁은 땅덩이에 거인들이 산다
신성 로마제국 프랑스 에스파냐 침약군들의 군화소리
불가사의한 선진 오렌지색 네덜란드
오뚜기같은 오렌지공 빌렘*들의 함성은
범선을 앞세워 앞으로 앞으로 나아가
대항해* 희망에 깃발을 높이 들어 세계 곳곳에 꽂았다

대국들의 틈바구니에서 당당히 맞선 작은 거인
둑을 쌓고 풍차를 돌려 만든 귀중한 땅
운하를 감싼 중세의 전통들이 즐비한 북유럽의 관문
향긋한 튜립, 풍차와 안네의 일기**로 우리에게 다가 온
이 땅에는 이준 열사***들의 우리 설음이 깃들어 있다
오늘 이 땅의 번영을 보았다
희망이 눈앞으로 다가온다

---

* 1568년 오렌지공 빌렘이 독립을 위한 반란을 이끌어 네덜란드는 에스파냐 왕국으로부터 독립을 쟁취했다.
** 세계 2차대전 당시 유태인 소녀 안네 프랑크가 독일군을 피해 은거하며 썼던 일기
*** 구 한말 검사이자 외교관이었던 이준 등이 1907년 만국평화회의가 개최된 헤이그에서 고종의 밀사로 파견, 을사조약이 일본의 강제에 의한 것이었음을 폭로하려다가 영일동맹을 맺고 있던 영국의 방해로 뜻을 이루지 못하자 활복, 순국하였다.

# 덴마크에서

북극해 머나먼 덴마크령 그린란드
다시 눈을 크게 떠 세계지도를 더듬는다
북유럽에 작은 반도와 섬들의 나라
세계 제일의 섬 그린란드, 본토와는 이역만리
그 옛날 덴마크는 칼마르 동맹*으로 스칸디나비아
북해까지 광활한 영토를 지배했단다

아말리엔보르 궁전**의 비애가 눈부시다
그러나 선한 목자들의 아름다운 슬로건
"밖에서 잃은 것을 안에서 찾자"
낙농의 나라 상인들의 항구 코펜하겐
그 동력으로 이룩한 운하, 아름다운 뉘하운***
순수한 동화의 나라 안데르센 인어공주 게피온 분수대

---

* 1397년 스웨덴 칼마르에서 결성된 스칸디나비아 3국 통합 동맹에서 덴마크 왕국은 마르그레테 1세가 단일 통치자가 된 후 1523년까지 126년간 군림했었다. 그 후 노르웨이, 스웨덴, 핀란드가 독립하면서 머나먼 그린란드섬만이 덴마크령이 되었다.
** 아말리엔보르 궁전은 8각형의 고아장을 둘러싸고 있는 4채의 로코코풍 건물로 이루어져 있으며, 1794년 이래 덴마크 왕실의 주거지로 현재는 마르그레테 2세 여왕과 그 가족이 살고 있다. 궁전 내부는 공개되지 않으며 여왕이 집무하고 있는 건물에는 국기를 꽂아 표시한다. 매일 정오에 위병교대식의 행진을 볼 수 있다.
*** 새로운 항구라는 뜻으로, 1673년 운하가 개통되면서 주변에 건물이 들어서기 시작하여 배들이 닻을 내리는 거리에 선원들의 주점거리가 명물로 유명해졌다. 운하 남쪽에는 18세기 고풍스러운 건물들로 이루어졌고, 북쪽으로 창이 많이 달린 파스텔 색 건축물들이 화려하게 들어섰으며, 남쪽해안에는 골동품 거리, 북쪽 해안에는 레스토랑 거리가 형성되어 있다.

제5부
# 아리랑

# 도반 道伴 • 2

언제부턴가 눈 하나가 자꾸 감긴다
백 약이 효험없이 스러져 가는 눈
두통이 두 눈꺼풀을 덮는다

파도치는 캄캄한 밤바다
수평선 아스라한 불빛
걸어온 길마다 편린 片鱗의 빛깔
잠 못 이루는 우려, 수치, 원한, 번뇌가
사라져 가고 평온함이 내려앉는다

헤아릴 수 없는 미답 未踏의 길
누가 만든 길일까?
이 길은 우리가 가야 할
또 하나의 길인 것을
예전엔 왜 미쳐 몰랐을까?

오늘도 이 길을 걷나니
밤이 캄캄할수록
뭇별들이 빛나는 길

## 회한 悔恨
### －밤 항구에서

노을이 진 밤 별빛은 유난히 빛나고
가슴팍 상처에서 피어난 꽃이 안쓰러워
땅거미 스멀거리는 대합실을 서성인다
떠나간 막배를 놓아준 것은
혹여 기다림으로 부서진 바위 때문일 게다
쪼그려 앉은 함지박 소라게가 울고 있다

넓은 바다를 두고 하필 불빛따라 기어든 것일까?
미세한 너울마저 감당할 수 없는 미물인 줄
역류한 피 덧없이 흘러 피골이 상접한 뒤에 알았을까?
떠오르는 태양의 눈부신 얼굴, 그리고 노을처럼
흐르는 강물이 황홀함만이 아니라는 것을
왜 껍데기만 남은 지금에야 알았을까?

## 실향민의 노래

시간이 멈춰선 휴전선
남북 갈라놓은 철조망 넘어
어머님 계신 북녘 하늘
한 달 아니 내일 돌아오라고
저고리 고름 적시던 어머니
그 거친 손… 두고 온 산하

세월은 십년이 또 흘러 일곱 성상
그날의 청년은 산수傘壽의 황혼녘에서
오늘도 어머니 품 그리웁니다
슬하에 자식 손자, 넉넉함에도
가슴 한쪽 퀭하니 뚫려있는 구멍 하나
어머니

보고 싶은 당신
기쁜날 또 괴로운 날엔
슬며시 두 뺨이 젖습니다
보름달 밤엔 더욱 그리운 산하
북녘 땅 형제들이여
하릴없이 이 사람 기다리는가?

---

"시와 녹색", 2010년호

## 민초 民草

비에 젖은 태극기 부대
진정한 해방을 염원하는
위안부 소녀

무엇을 어떻게 할 수 있을까
불안한 무관심
축축한 궁리만 허공을 맴돈다

# 꿈 · 3

밤마다 문자의 바다에서
수많은 언어를 걷어 올린다
비바람 거셀지라도

나는 어부다 대어를 낚는 어부다
큰 소리는 밤하늘에 묻힐 뿐
비린내 가득 산화되는 고깃덩이

봄에는 개나리 가을엔 코스모스
아름다운 화원 가득한 향기
마음엔 애드벌룬 띄우고

나는 농부다 부지런한 농부다
취기어린 소리만 허공에 흩날리는데
꽃들은 시들고 하늘은 회색빛

한낮 태양 아래서 두통에 시달린다
비몽사몽 간에
쉬임없이 다람쥐 쳇바퀴가 돌고 있다

# 금강산 여행

세상에 마지막 남은 철조망 너머
형제의 신음소리
듣지 못했다 알지 못한다
아무 것도 할 수 없다

찾아 간 금강산 길 차창밖 저만치
개구쟁이들이 무심히 쳐다 본다
이방인들 눈에 들어온 새까만 아이들
군복의 사나이가 눈을 부라린다
"손가락질하지 말라우!"

이곳은 어느 나라일까?
칠십 년 정지된 마을
한 가운데 내가 섰다
뜬금없이 눈시울은 왜 젖는가?
나는 무엇을 할 수 있을까?

하늘이 만든 봉우리마다
금강일 뿐, 달리 부를 이름이 없다
산허리를 휘감은 안개구름
신선의 자태가 눈앞에 펼쳐진다

## 삼일절에 붙혀

배가 부풀어 오르는 것은 분명
무언가를 잉태한 것일게요
식지 않는 열기로 머리털이 빠지는 건
아직 내일을 보지 못한 것일게요

거울 속에 나타난 한 세기의 비애
오늘도 무리의 다툼으로 이어지는데
해 지는 들녘마다 늑대의 울음소리
지난 날 머리로 부딪쳐 되찾은 보신각

누가 다시 죽음으로 울릴 것인가?
그 날을 위하여 앞장서리니
손잡고 뛰쳐 나아가 외칩시다
횃불 밝혀 들고 태양을 부릅시다

임이여! 잠자는 나를 깨워 주시오
꽹가리와 징을 울려 주시오
앞장서서 나아가겠소
사나운 이빨의 승냥이와 맞서겠소

# 떠돌이 개

시퍼렇게 날 선 눈에 먹잇감이 들어온다

그 눈은 이미 쓰레기통을 뒤지던 남루한 눈이 아니었다
분리수거는 그에게 벼다귀를 맛보게 했다
지친 몸으로 약삭빠른 놈들을 쫓기엔 역부족이었다
이판사판 넓은 세상으로 가자

옳거니 통통하게 살오른 암탉이 군침을 돌게 한다
훼방꾼은 인간이다
이빨을 드러내어 겁을 주다가 여차하면 물어 버리리라
'충성은 얼어죽을… 헌신짝처럼 버린 주제에'

나는 자유다 누가 감히 내 앞길을 막으랴
시속 80킬로의 질풍노도 달음박질
날카로운 송곳니를 보라
이제 내가 지배하는 왕국을 만들리라

잘 생긴 암놈을 끌어다 품고
밤톨같은 새끼들을 구름처럼 거느리며
땅 끝까지 차지하리라
인간도 무섭지 않다 이젠 옛날의 내가 아니다

충혈된 눈에 붉은 별들이 클로즈업되어 들어온다
점점 가까이 들리는 개들의 소리 컹컹컹
전사여 털을 세우고 표독한 이빨을 드러내라
탕! 탕! 넋을 꿰뚫는 금속성 굉음

"나는 죄가 없다."
마지막 광기어린 눈이 말하고 있다

# 아리랑

온 몸에 찌릿찌릿
가슴 깊이 스며든다
한국인 핏줄에 불을 당겨
구석구석 세포를 깨우노니

'아리랑 아리랑 아라리오
아리랑 고개를 넘어간다
나를 버리고 가시는 임은
십리도 못 가서 발병난다'

무엇이 이처럼 서럽게 하는가
깊고 파란 눈에 피부색 다른 노인들
70년이 지난 한국전장
생사의 갈림길에 젊은 주검
오늘에 되살려 끓어오르는 피
아리랑 아리랑 아라리오

규슈탄광에서
사이판 전장에서
인도지나반도에서
누구를 위해, 무엇을 위해
죽어갔을가?

한恨이 모여 모여
목 메어 부르는 노래
아리랑 아리랑 아리리오

월드컵 축구경기장에서
시청 광장의 붉은 악마들
남북이 하나되는 날에도
가슴 가슴마다 울림으로 퍼져 나아가리라

## 도반 삼대

막걸리 사발에 추억을 트림하는 노인
소주잔에 세상사 담가 마시는 중년
맥주 한 잔에 근심 털어 버리는 청년
달라진 세상 어우러진 도반 삼대

세 개의 텔레비전 화면이 어지럽다
고향의 정취 물씬 풍기는 '6시 내고향'
어지러운 무지개 오로라 '색깔 논쟁'
허공을 떠도는 붉은 머리의 '힙합 멜로디'

금빛 노을 석양에 타오르면
불나방들은 광란의 밤을 보내고
거나한 취기로 거리를 나서는데
구성진 노래가락 어둠에 스며든다

비바람 지나고 새날이 밝아오면
어제 일들이 아침 햇살 속으로 사라지고
새 얼굴 새 아침으로
도반 삼대가 무지개를 만들어 간다

# 겨울 바다

인적 드문 한파 위로
반사되는 태양이 분부시다
세파에 밀려와 바위를 때리는 파도
세찬 물보라 포말되어 사라진다

추상 같은 아버지의 감추어진 사랑
때로는 너그러이 깊고도 넓은
가슴으로 품은 생명들
짭조름한 어머니 부드러운 사랑

바다가 얼지 않는 것은 소금 때문이라지만
따듯한 가슴 때문이 아닐까
수심깊은 곳에 간직한 사랑 때문이리라
머나먼 남쪽바다에서 불어오는 봄바람 때문이리라

# 개미는 외롭지 않다
　-중소기업 사장 영전에

빈소殯所 한 구석에 가만히 누웠다
지구 곳곳에 깃발 꼽겠다던 호기
그윽한 국화향기 속으로 사라지고
채 꽃도 피우기도 전에
저편 세상으로 간 친구

파업으로 어르는 노동자들
부르주아로 내몬 살인교사
위정자들의 규제 장막
바다 넘어 보이지 않는 파고를 어찌하랴
급기야 끓는 피가 굳어져
바위를 만들고 또 만들고

전화戰火가 할퀴고 간 사막
몽매에도 그리운 오아시스
땀을 쏟다 쏟다
수액이 소진된 허리
귓전을 때리는 베짱이 노래소리
그대여! 이제 등짐 내려놓으라
희망과 자유의 불꽃이여!

# 정선 아리랑

여인의 가슴 멍울지며
소리가 고개를 넘어간다
목구멍에 핏빛 머금고
강물로 휘돌아 간다

고난의 세월
떠난 자를 향한 그리움
아우라지 따라 물길 오백 리
소양강 굽이굽이 한강에 이르러
사공의 가슴에도 희망이 솟는다

한을 품은 사람들의
심금을 울리는 노래여
한 순간을 사는 인간들의
영원을 잇는 혼불이여

---

"시와 녹색" 2001년호

# 뉴 밀레니엄 뉴스
### -끊이지 않는 전쟁이여

기회의 땅, 자유의 여신
허드슨 강물 위에 고고히 섰다
하늘 가까운 곳에 수많은 손들이
하얀 수건을 흔들다가 사라져 갔다

도피의 끝, 토라보라 동굴*
남루한 병정들이 길을 잃고
죽음의 문턱에 멀겋게 뜬 눈들
구슬 같은 눈물로 광야를 떠돈다

목가의 코소보 언덕
생동하는 동티모르 밀림에도
검은 대륙에도 시나이 반도에도
화약 냄새가 진동한다

새 천년의 거울은 산산조각이 나고
밀려오는 내일의 바다만이
방향 모를 불빛으로 반짝인다


*빈 라덴이 숨어 있던 아프가니스탄 산악지대의 동굴

"문학공간" 2002년 8월호

# 독도

망망대해를 밝히는 촛불하나
폭풍우 속의 등대여
네가 있어 배는 닻을 내려
상처난 육신을 추스른다

이름처럼 고독한 님이여
쉬이 범접치 못할 비바리
짙은 해무海霧를 열고
눈부신 태양이 떠오른다

누가 잡아끄는가
팔이 빠지도록 찢기는
어미의 가슴으로
애만 태우는 구나

배달의 겨레여 나아가자
끓는 피로 뭉쳐
지켜야 할 우리의 땅
우리의 찬란한 내일을 위하여

---

"서대문 문학" 2005년 제2집

# 새 거울
　　-조국의 길

나를 보지 못한다
새 거울을 보지 않고는
산들이 헐벗은 줄
이목구비가 제멋대로인지

까마득히 먼 옛날

말 달리는 이 누구였을까
첨성대를 스치는 엉뚱한 별빛
창덕궁 기왓장 위를 흐르는 달무리

이 거울의 주인은 누구인가?

지금도 얼굴은
남북으로 좌우로
제각기 휘달리는 야생마

"기수를 찾습니다" 고삐를 쥐고 중심 잡을

싱그러운 초록의 숲을 만들어
모두가 동해로 나아가자
아침을 깨우는 태양을 맞이하자

새 거울 우리의 길을 찾자

# 내린천은 말한다

그리 넓지 않은 한반도여
여기는 당신의 잘리운 허리
내가 감싸안은 땅 인제
원통고개 넘어 전장으로 떠난 아들
"인제 가면 언제 오나 원통해서 못 살겠네"
스러진 죽엄 앞에 울부짖음 들리던 곳

날짐승만이 넘나드는 북녘 땅
오늘도 총칼 겨눈 젊은이의 땅
사자의 원혼과 생자의 긴장이 교차되는 휴전선
이 애증스러운 땅
산하를 어루만지려네
그대들의 상흔 씻어 주려네
흐르는 강물과 함께 원혼 달래 주려네

가는 곳마다 피어오르는 물안개
내 안에서 노니는 물고기 떼
가재 도롱뇽 배암까지도 사랑하려네
계곡마다 겨우내 쌓인 눈 녹여
형형색색 꽃피고 벌 나비 찾아드는 곳
꿀이 샘솟는 땅 만들려네

이 땅에 산과 들을 온 몸으로 적시어
산머루 다래랑 풍성한 곳에
토끼 노루 산돼지도 부르려네
오곡백과 익어가는 황금 들판 이루어
행복 가득한 얼굴 얼굴

가는 곳마다 절경이요 풍요로운 고장
하늘 아래 무릉도원 인제 만들려네

---

'내린천은 말한다' "시와 산문" 특집호

## 여명黎明의 바다

불야성 이루던 항구
부산하던 불빛도 모두 사라지고
바다는 싸늘한 바람을 품어
적막의 세계로 떠났다

하늘과 바다 사이에
아롱진 겨울밤 가로등
파도마저 잠든 이 적막한 바다에서
나는 왜 잠 못 이루는가?

태양이 떠오르는 고요한 바다
어둠을 밝히던 배들의 불빛이
여명의 노을 속으로 사라져 갔다
일깨우려 태양의 아침이 강렬하다

조간 신문을 뒤적인다
물귀신 같은 엥 똘레랑스*들
이 악취나는 물 속에서
나는 무엇을 건지려고 헤매는가?

온 누리에 백설이 흩날린다

*앵 똘레랑스 ; 다른 사람의 의견이나 견해가 자기 생각과 다르면 인정하려
 들지 않는 지극히 이기적인 사람

'월간문학' 2004년 10월호

# 틈

세상을 넓고 할 일은 많다

가슴 죄어오는 회색 도시
숨막히는 출근길
배움에 일에 눌리어
터질 듯 부풀어 오른 혈관

잠시 쉴 곳은 어디인가
님이여 가슴을 열어 주오
바람아
무정한 세월아

수렁으로 침전되는 육신
비우지 못하는 영혼
창문밖에 캄캄한 밤 하늘
숨막히는 하루가 저물어 간다

아! 하늘과 땅 사이가 너무 좁구나

# 아! 이 땅이여 사람들이여


겨울잠에서 깨어 산마다 피어나는
노란 아기 개나리 사랑꽃 진달래
온산에 철쭉이 화사한 나라
동강엔 열목어 쉬리들의 활기
봄바람 타고 제비 날아오는 이 땅

한라에서 설악까지 그리고 백두까지
복수초 투구꽃도 피어나리라
흐르는 것이 세월이라지만
뒷강물이 따라오듯 변함없이
교하를 이루어 바다로 나아간다

태백 줄기 계절 따라 야생화 피듯
모진 풍파 속에서도 꽃 피우네
지구촌 곳곳에 형제들 부르자
동구밖 연연히 무궁화 물결
남대천에 연어도 돌아오리라

천년 고도가 새 천 년에도 의연하듯
동해 독도에 떠오르는 태양
서해 격렬비열도의 노을
세계로 나아가는 마라馬羅 삼천리
아! 금수강산이여 이 땅의 사람들이여

# 태풍에 기대어
− 공과와 죄과

폭풍전야
시원하던 바람이 점점 세차다
방마다 문을 열어 그를 맞는다
보이지 않던 냄새 먼지가 날아가고
구습舊習의 잔재가 사라진다
창문에 기대어 호흡해 본다
폐부 깊숙이에 바이러스가 사라지고
쌓였던 근심이 머리 속을 빠져 나간다
내일은 맑음
불어라 바람아 바람아

태풍이 분다
거센 너울에 뉴스특보 야단법석이다
영글어가던 과실들이 땅 바닥에 나뒹굴고
굵은 빗줄기는 잡동사니들을 쓸어간다
우산들이 낙하산되어 형형색색 공중을 날고
지하도 범람한 물살이 섬뜩하다
행인들 뒤집힌 차 속 사람 구하고
봉사단은 비닐하우스 살림 물청소하네

내일은 맑음
바람아 바람아 멈추어다오

## 산청 뻐꾸기
　　-화마의 이단아


봄바람에 실려 남쪽바다 따듯한 온기가 풍긴다
높은 가지 위에 올라보니 매캐한 연기
그 속에서 새끼처럼 예쁜 불꽃이 피어 오른다
산너머 불구경났네. 뻐꾹 뻐꾹
어어 점점 가까이로 오네

저기는 탁란할 개개비 딱새들이 둥지 틀고 있는 곳
뻐꾹 뻐꾹 뻑뻑꾹 뻑뻑꾸국꾹
뻐꾸기의 울음소리가 잦아지더니
소방 헬기의 분주한 소화에도 불구하고
불은 기어이 산청의 온 산을 잿더미로 만들었다

천 년 사찰은 물론, 마을마다 쓸어
사람의 생명마져도 희생시키며
화마는 동에 번쩍 서에 번쩍
지리산 푸른 솔숲 곳곳을 카맣게 지워갔다

산넘어 기슭에 멧꿩 날고 딱따구리 새집 쪼는가
소쩍새 밤새워 별을 난다
사람들 가슴 미어져 눈물만 훔치는 데
뻐꾸기만 원통하다 울어댔다
뻐꾹 뻐꾹 뻑뻑꾹 뻑뻑꾸국꾹

제6부
# 감사와 행복

# 감사와 행복

감사와 행복은 부부입니다

눈 속에 코 속에 귀 속에
손에도 발에도
그 자국 자국마다에 있습니다
볼 수 있고, 들을 수 있고
만질 수 있고, 말 할 수 있고
숨 쉴 수 있음에 감사해야 합니다

행복의 고향은 따듯한 가슴입니다
가슴 속에 또 눈빛 속에
배려 속에서도 자라
웃음으로 꽃이 피고
기쁨으로 열매 맺습니다
행복은 보람을 먹고 삽니다

행복과 감사는 영원한 동반자입니다

## 겨울 밤
   -나는 누구의 무엇으로 남을까?


금빛 노을을 삼킨 밤이 토해 놓은 별 별 별

삶은 은하수 밤바다에 띄운 돛단배
영원한 이별이 나를 부를 때
스치는 얼굴은 누구일까?
나는 누구의 스치는 얼굴일까?

겨울 밤 차가운 샛별은
아름다운 '삶을 산 사람' 별일 게다
헤아릴 수 없이 수많은 별 중에
반짝이는 기억 속의 눈동자

나는 무엇으로 남을 수 있을까?

# 출판도시 연가

산하가 잠에서 깰 즈음
이곳은 형형색색 야생화와 벌 나비
종달이 제비 꿈이 하늘가에 가득하다

따가운 태양 머리에 이고 이곳으로 오면
땀 흘려 가꾼 신록 사이로
우리의 내일이 보인다

결실의 계절엔 도시를 에워싼
황금물결 굽이치는 한가운데
지식의 밤톨 툭 툭 불거지는 소리

겨울 심학深鶴에 올라 보면
눈 아래 펼쳐지는 온 세상이
아! 눈부시도록 새하얀 도시의 순수

# 옷장정리

머나 먼 길 떠나온 보금자리
곱게 다루어 온
단정한 어머니 모습
문을 여니 그곳에는
세월의 추억이 켜켜이 쌓여
그리운 향기가 피어오른다

희망을 노래하던 하이 컬러
바캉스 사랑이 피어나던 청색 셔츠
깃을 세우던 가을날 센티멘탈
눈 내리는 밤 포근히 감싸주던 외투

아! 즐거웠던 날들은 가고
정영 이별을 해야 하는가?
이 들을 보낸다는 것은
소중한 기억들을 망각하는 일

그것들을 보내고 나는 또
얼마나 많은 꿈 속을 헤매게 될까?
만남의 끝에서 헤어지는 날
누가 다시 가슴을 열고
나와의 추억에 젖으려 할까?

## 책 소리

햇살이 저만치 노을진 사무실

쾌종을 울리며 시간이 지나가고
게스름한 눈 위에 누군가가 못을 박는다
미독만권지실 未讀卍卷之室

먼지를 뒤집어 쓴 책들이 열변을 토하는 데
윙윙 소리에 가만히 귀 귀울이니
말벌 한 마리 꽃그림 위에 침을 내밀고

잡지는 지성을 하얗게 비우고 있다

제7부
# 살며 생각하며

## 나는 누구인가

옛적에 어느 가난한 구두장이가 살았습니다.

낡은 구두를 수선하는, 어찌 보면 천하기 그지없는 사람이었지만 그는 구두장이를 천직으로 알고 살았답니다. 물론 식구들과 먹고살기 위해서이기도 하지만 그보다도 그는 직업을 통하여 철학을 쌓아가고 있었기 때문입니다.

그는, 구두를 보면 주인의 성품과 개성을 알 수 있었다고 하며, 또 구두를 보고 주인의 걷는 모습은 물론, 걷는 모습에서 그 사람의 성격을 알 수 있다고 합니다. 뿐만 아니라 주인의 정신과 역사까지 읽었다고 합니다.

다람쥐 쳇바퀴 돌 듯한 사회라는 거대한 공장에서 우리는 주체적 가치관을 잊은 것은 아닌지 모르겠습니다. 올바른 삶을 위하여 깃들여야 할 가치관의 자리가 비어 있지는 않은지, 언제부터인가 그 자리에 획일된 종교와 사상이 자리하고 맹신盲信과 곡해의 나락으로 빠져들지 않은 것인지?

후손들에게 물려주어야 할 정신적 지주支柱는 가지고 있는지?

공허한 삶의 자락에서 가끔은 자문해 봅니다.

나는 어디서 왔으며 무엇을 남기고 어디로 가는지…. 비집을 틈마저 용인되지 않는 현대사회, 사람들 틈에서 가치관마저 돈에 종교에 사상에 정치에 밀려다니다가 그저 색깔도 주체도 없이 어디론가 사라져 가는 것이 아닌지.

나는 어떤 색깔을 갖고 있는가
나의 주체성은 무엇인가
나는 역사성을 가지고 있는가
나의 길은 어떤 것인가
나는 누구인가

알맹이가 빠져 달아나버린 빈 껍데기만이 거센 물살에 밀려 이리저리 떠다닐 뿐입니다.

언젠가 내가 죽은 후 몇 년, 몇 달, 아니 몇 날이나 나의 삶의 색깔을, 사유를, 살아온 길을 이야기 할 사람이 또 몇이나 될지.

내 자식들은 나의 가치관을 어떻게 생각하며 무엇을 이어 받을지 걱정보다 두려움이 앞섭니다.

# 연변의 아침

우리 일행이 중국의 수도인 북경을 떠나 조선족 자치구인 연변으로 향한 것은 칠월 초순의 밤이었다.

한 눈에 들어오는 공항 청사 위 '연길延吉'이라는 양국어의 네온 간판이 그렇듯이 같은 얼굴, 같은 말씨함경도 사투리의 사람들이 금새 동족임을 알 수 있었고 전혀 낯설지도 않았다.

연길은 연변의 수도이며, 길림성 약 1/4 정도의 면적으로 연변 조선족 자치구이다.

1980년대 중국이 경제적으로 개방의 길을 선택한 이후 이곳에는 한국에서 많은 기업가들이 오가며 교류를 통하여 오늘날 그곳 거리의 인상은 '중국 속에 작은 한국'이란 표현이 어울릴만큼 한국 경제가 대륙으로 진출하는데 교두보 역할을 하는 것 같았다.

우리는 새벽 6시에 아침식사를 마치고 서둘러 백두산으로 향했다. 버스 안에서 조선족 가이드의 안내는 참으로 많은 것을 생각하게 했다. 연변대학에서 한국무용을 전공했다는 그녀는 아직 앳된 얼굴로 직업의식보다도 더 진정으로 한국에서 온 우리들에게 연변의 역사를 바르게 알리고자 열정을 다했다.

초여름 차창 밖에는 밭과 논이 끝없는 만주벌판이 펼쳐지고 있었으며, 한족漢族과 만주족이 사는 중국의 대륙식 마을 사이로 간간이 조선식 개량주택이 눈에 띄었다.

벼농사는 조선후기에 일본인들의 핍박당하던 조선족이 망명하면서 시작되었고 조선족들은 매사에 열심이어서 잘 사는 편이란다. 이 지역이 조선족 자치구가 된 데에는 역사적으로 부여→고구려→발해→고려→조선왕조를 이어오면서 우리 민족이 살고 있었지만 근대사를 돌이켜보면 일제 수탈을 피해 이주해온 사람들과 일제항거의 본거지로 만든 김좌진·홍범도·이청천 장군을 비롯한 수많은 독립운동가들이 일제의 대륙침략을 이곳에서 죽음과 피로 저지함으로써 중국정부가 그 완충역할을 인정한데서 그 연유를 찾을 수 있다고 한다.

몇 시간 간격으로 우리 버스가 정차하는 곳마다 조선족 할머니들이 산악 지대 특산물인 더덕이며, 영지버섯, 강냉이엿 등을 팔고 있었다.

함경도 말씨의 할머니를 보면서 돌아가신 어머니가 떠올라 눈시울이 뜨거워졌다. 옥수수 뻥튀기를 사면서 "오래 오래 사셔서 우리나라가 통일되는 것을 보셔야지요."라고 하니까 할머니는 한 개를 더 얹어 주셨다. 나는 그 값에다 약간에 잔돈을 얹어 다시 드렸더니 할머니는 눈물을 훔치며 내 손을 와락 잡으셨다.

우리를 태운 버스는 가문비나무며 낙엽송 자작나무 등이 우거진 아직 포장되지 않은 신작로에 뽀얀 먼지를 일으키며 오랜 시간을 달려 장백산맥의 평원을 지나 이윽고 백두산 입구에 다다랐다.

## 살며 생각하며

　백두산은 우리 민족의 영산답게 모진 풍파를 일으켜 초목의 우거짐마저 허용치 않았다. 생명력이 강한 가문비나무마저 그곳에서는 하얗게 누워서 모질게 자라고 있었으며, 풀 또한 모질게 뿌리내려 자세를 낮추어 가녀리고 예쁜 꽃을 피우고 있었다. 천지天池에 섰을 때는 거센 바람과 그 위용에 압도되어 큰 소리를 낼 수 없었으며, 꼿꼿한 자세를 취하기조차 어려웠다. 고산지대에서 흔히 그렇듯이 호흡도 불규칙해 왔다.

　그럼에도 가슴 뭉클함이며 호수에 빨려들듯 맡기고 싶은 충동은 무엇 때문일까. 형언할 수 없이 교차되는 감정을 억누르며 우리가 산을 내려왔을 때 변화무쌍한 영산靈山은 어느새 운무雲霧로 자태를 감추고 있었다.

　우리가 백두산을 뒤로 하고 조중朝中 국경인 두만강을 향해 한 시간쯤 달렸을 때 영산은 코발트색 하늘 아래 다시 우뚝 서 있었다. 지금은 갈 수 없는 나라. 강 건너 북한의 산들을 보며 가슴 속에 애잔한 정이 흘렀다. 더더욱 북한 마을 사람들을 보며—.

　두만강가 국경의 조선족 마을은 마치 1970년대 우리의 모습을 보는 듯했다. 다닥다닥 붙은 집들은 재료가 허락되는 대로 지어져 허름하기 그지없었다.

그들의 희망은 한결같이 도회로 나아가는 것이었으며 그러기 위해서는 한국에 가서 일하여 돈을 벌어오는 것이라 했다.

얼마 전 한국의 신문과 텔레비전을 통해 본 조선족 불법 입국자들의 가여운 생활 모습과 그렇게라도 해서 돈을 벌기 위하여 불법입국을 하려다 붙잡혀 송환되는 조선족들의 모습이 떠올랐다.

이들 중에는 독립운동가의 후예가 있는가 하면 대부분 일제의 수탈을 피해온 '하늘 우러러 부끄럽지 않은' 소작농의 후손들일 것이다.

그들은 우리의 자랑스러운 동족이며 그들을 살리기 위해서는 한국에 와 있는 이들에게 우리 국민과 상응하는 예우와 약간의 편법을 취하더라도 우리가 할 수 있는 일이라면 모두 베풀어 주어야 한다고 생각했다.

돌아오는 길에 그 옛날 선구자들이 말달리던 해란강과 일송정, 조선족이 많이 모여 사는 용정과 용정중학교에서 그 시대 우리 민족 누구나 그랬듯이 '하늘 우러러 민족과 자신에 부끄럼이 없기를' 갈구하던 민족시인 윤동주의 채취를 느낄 수 있었다.

죽는 날까지 하늘을 우러러
한 점 부끄럼이 없기를
잎새에 이는 바람에도
나는 괴로워했다.

## 살며 생각하며

> 별을 노래하는 마음으로
> 모든 죽어가는 것을 사랑해야지
> 그리고 나한테 주어진 길을
> 걸어야겠다.
> 오늘밤에도 별이 바람에 스치운다.
>
> — 윤동주, "서시序詩" 전문

새 천년을 맞아 연변은 변하고 있다. 혈기왕성한 조선족 청년들이 그 옛날 선구자 정신으로 되돌아가 연변을 이끌고자 땀을 흘리고 있다.

북한의 많은 탈북자들도 이들의 도움으로 이곳에서 돈을 벌어 북한의 가족들을 부양하는 사람들이 많다고 한다. 이것은 그토록 엄하던 조중朝中 국경이 옛날과는 변하고 있으며, 북한 당국도 외화벌이를 위해 뒤돌아서서 못 본체 하는 형국이 되어가고 있다고 한다.

이제 머지 않아 북한도 서서히 빗장을 풀 것이며, 그때에는 연변은 참으로 새 아침을 맞을 것이다. 이 땅에 여명을 열어주는데 우리도 함심해야 되지 않을까?

그리하여 우리 민족이 그 옛날처럼 광활한 만주와 몽골평원, 시베리아 대해大海로 나아가 꿈을 펼칠 날을 기대해 본다.

달빛마저 사라진 암흑의 대지
억압받던 무리들의 아귀다툼
마지막 모닥불마저 사그라졌다.

척박한 대지에도 태양은 뿌려져
검게 탄 얼굴 반짝이는 눈동자
흐르는 땀과 눈물이 애잔하다.

그러나 나는 보았다.
천지의 여명을
청옥빛 수면 위로 웅비하는 새벽을

그 옛날 폭발하던 백두의 붉은 피
오늘 다시 가슴 속 화산되어
심장 터지도록 용솟음 친다.

뜨거운 가슴으로 우리 손에 손잡고
떠오르는 아침 해를 맞자.

그리하여 시베리아를 녹이고
실크로드 건너 깃발 높이 들고
새 세계로 향하여 나아가자.

— 졸시, "연변의 새벽" 전문

# 순흥 順興 소수서원 紹修書院

 인걸은 흘러 역사를 남기고 역사는 자취를 남기는 것. 민족의 영상인 백두산에서 뻗어내려 한반도의 등줄기 태백준령을 따라 소백으로 이어지는 자락에 순흥이 자리하고 있다.

 오늘날의 행정구역으로 보면 경상북도 영주시 순흥면. 지금은 사람들이 그리 많지 않은 소백산 아래 작은 마을과 인삼·사과밭이 군데군데 눈에 띄는 산촌에 지나지 않는다. 그러나 선비의 고장 안동 도산서원이나 하회마을과 함께 소수서원은 유서깊다.

 순흥은 소백산의 연화봉, 비로봉, 국망봉이 감싸안은 듯 아늑한 고원의 평지로 지금은 죽령 竹嶺 을 뚫은 터널로 도로가 시원히 펼쳐져 서울까지 승용차로 3시간 정도의 거리다.

 한국의 그리니치 소백산 천문대가 위치한 서북쪽으로는 충청북도 단양과 접하여 원주·충주를 경유해 서울로 이어지고 부석사, 김삿갓 묘가 있는 동북쪽으로는 강원도 영월군과 동쪽으로 경상북도 봉화군, 그리고 서쪽으로는 경상북도 예천군과 접해 있으며, 중앙선을 따라 남하하면 안동을 거쳐 경주에 이른다.

 이렇듯 지정학적으로 중요한 전략 요충지였기에 예로부터 삼국시대와 통일신라, 후삼국 시대를 거쳐 고려시대에 이르는 동안 주인이 수없이 바뀌면서 국방·행정·경제의 중심지가 되었다.

1985년에 발견된 〈돌방무덤〉은 남한에서 유일한 고대사를 가늠하는 채색벽화가 그려진 고분으로써 연대로는 AD 539년 경 축조된 것이지만 실제로 고분의 구조나 벽화양식은 고구려 식이라고 볼 수 있으므로 이 지역이 한 때 고구려 영역이었음을 알 수 있다.

순흥 비봉산 중턱에 위치하고 있는 이 고분벽화는 의상대사가 원효와 함께 당唐나라에 유학 가던 중 압록강 부근 의주義州 땅에서 장맛비를 만나 잠시 빈 무덤 속에서 묵었는데, 이 무덤의 수호신인 그림의 주인공이 나타나 괴롭혔다는 그 곳 벽화와 유사하다. 뱀을 잡고 있는 이 인물은 일본에까지 전해져 '고이노보리'문화의 뿌리가 된 〈어숙묘〉나무 끝에 고기를 매어 단 모양 그림이 그려져 있다.

삼국시대, 서·북의 고구려·백제와 대치해 있던 신라는 물론, 고구려 역시 남하의 거점 도시로 여겨왔다. 통일신라와 고려가 후삼국을 통일하기에 이르는 동안 점령한 나라마다 그 지역의 민심을 다스리고 상대국을 평정하는데 중요한 전략 또는 완충 도시로 발전시켜 왔다.

살며 생각하며

### • 아! 순흥이여

조선 초기 이 땅에 참화가 있기 전까지는 오늘날의 직할시 혹은 광역시에 버금가는 행정구역으로 그 범위는 충청도 단양·영춘, 강원도 영월·태백, 경상도의 예천·울진 일부를 포함하는 광대한 영역이었으며, 순흥도호부 순흥부라 하였다.

순흥은 그 역사의 격랑만큼이나 명칭도 여러 번에 걸쳐 바뀌어 신라시대 급벌산군 及伐山郡에서 통일신라시대에는 급산군, 고려 초기에 번성한 고을이라는 뜻의 흥주 興州로, 다시 충렬왕 때에는 임금의 태를 묻었다 하여 흥녕현 興寧縣, 충목왕 때 비로서 순흥이라 불리웠으며, 조선초기 군·현제 개편에 따라 이 지방 지배도시인 도호부가 되었다.

그 후 순흥부의 몰락을 몰고온 사건은 세조 3년 수양대군의 아우인 금성대군이 형의 왕위 찬탈에 반대하다가 이곳으로 유배되었고, 이곳에서도 조카인 단종의 복위운동을 꾀하였는데 당시 순흥부사 이보흠이 이에 적극 동조하다가 한 관노의 밀고로 정축지변 丁丑之變이라 일컬어지는 끔찍한 참화를 당하게 되었다.

당시 순흥은 회랑과 처마를 이어 십리 길을 비를 맞지 않고 다닐 수 있었다고 하는데, 이 큰 도시를 완전히 불태웠으며, 선비들과 그 식솔들을 모두 죽이는 피바람이 불어 산천을 피로 물들였다고 한다.

죽계천 시오리에 핏물이 흘렀다고 하는데 지금도 그 끝지점을 핏끝마을이라 불리고 있다.

지금은 내川가 휘돌아 나가는 마을 물섬水島里이라는 곳에 당시 살아남은 선비들의 후손들이 모여 400년을 면면히 고택을 지켜온 종손들의 선비마을이 세월의 무상함을 말해 주고 있다.

• 물섬水島里

그곳엔 언제나 쪽빛 하늘 맑은 강 고운 모래가 굽이굽이 마을을 안아 흐르고 처마밑 제비들 노오란 주둥이 내밀 때 뒷마루엔 늙으신 할머니가 잊혀진 전쟁에서 돌아오지 않는 아들을 기다리고 있다.

사백 년 풍상에 시달려 온 고택에선 딸깔발이 기둥이 고고한 기왓장에 눌리어 서서히 허물어져 가고 세월 한 구석엔 인고로 올올이 진 물래만이 사연을 뒤집어 쓴 채 긴긴 기다림에 지쳐 깊이 잠들어 있다.

멈주어진 시간 속 주인공들의 애련한 눈물이 강물되어 흐르고 멍울진 가슴만이 남아 오늘을 지키고 있네

— 졸시 "물섬" 전문

살며 생각하며

그 후 소수서원백운동서원을 창건할 때 취한대翠寒臺 아래 소沼에 수장되었던 원혼들이 울음을 그치지 않아 바위에 붉은 글씨로 경敬자를 새기고 원혼제를 올리니 귀신들의 곡성이 그쳤다고 한다.

• 살아있는 선비의 얼

소수서원은 조선 중종 37년1542년 당시 풍기군수였던 신재愼齋 주세붕周世鵬 선생이, 우리나라에 성리학을 도입한 회헌晦軒 안향安珦 선생이 후학을 양성하던 이곳에 영정과 위패를 모신 사묘를 세우고 이듬해 백운동서원白雲洞書院을 세운 데서 비롯되었다. 그 후 퇴계 이황 선생이 풍기군수 재임시 조정에 상소를 올려 명종 5년1550년에 '소수서원紹修書院'이라는 현판을 하사받을 때 서적과 노비 및 토지를 함께 하사받음으로서 '사액서원'의 효시가 되었다.

안향 선생은 우리나라 최초의 성리학자요 국학발전에 크게 기여한 사람으로서 고려 고종 30년1234년에 이 고장 흥주부 평리에서 태어나 18세 때 문과에 급제하여 벼슬길에 올랐다.

당시는 원나라몽고의 침입으로 '삼별초의 난'이 일어났던 시기로 30여 년에 걸친 침공과 분탕질로 국토는 황폐화되었으며, 국난으로 사회가 어지러워 무속이 만연되었고 혹세무민惑世誣民 풍조가 극에 달했다.

그는 왕에게 '나라를 올바르게 다스림에 가장 중요한 일이 인재양성'임을 상소하는 한편, 재정적 뒷받침의 기구인 양현고養賢庫 기금마련을 위해 벼슬아치들에게 기금을 내게 하여 그 이자로 선비를 양성하는 재정에 충당토록 건의하였다.

왕은 공의 뜻을 가상히 여겨 자신이 직접 내탕금內帑金을 하사하는 한편, 섬학전贍學錢이라는 육영재단을 설치하여 유학진흥이 활기를 띠게 되었다.

이로써 우리나라 역사상 600여 년 간 한국인의 의식을 지배했던 성리학이 이곳 순흥 땅 흥주향교-소수서원에서부터 뿌리를 내려 선생의 인품처럼 고고하고 단아한 선비정신이 꽃을 피우게 되었던 것이다. 또한 순흥 안씨順興 安氏의 뿌리가 되어 전국에 번성하였다.

순흥은 군웅할거群雄割據의 삼국시대와 후삼국시대로부터 고려시대로 이어오면서, 또한 원나라의 침공으로 사회가 피폐하자 불교가 무속신앙으로 변질되어 가고 사회저변의 의식이 황폐화되어 갈 때 성리학의 도입으로 선비의식을 고취시킨 안향 선생과 소수서원의 창건, 정축지화丁丑之禍의 폐허에서 이 땅을 재건시킨 주세붕 선생, 대쪽같은 선비정신을 꽃피운 퇴계 이황 선생으로 이어져 내려오는 동안 참으로 바람 잘 날 없는 변란과 그 복원의 고장이었다.

### 살며 생각하며

   그러나 4,000여 명의 선비를 배출한 소수서원은 후기 고려와 조선의 정치·사회·교육을 이끈 선비정신의 메카로써 오늘날에도 그 얼은 한국인 모두의 가슴 속에 면면히 이어 내려오고 있다.

   태백 넘는 높새바람/ 거친 숨 쉬어 가는 곳/ 그치지 않는 말 발굽소리/ 바람은 자지 못했다// 흰옷 벗은 소백자락/ 봉황이 둥지 틀자/ 그 알은 꽃이 되어/ 삼천리에 화려한데// 비취빛 죽계수는/ 아픈 가슴 가슴 쓸어/ 안으로 안으로만 흐느끼며/ 어디로 가는가// 고고했던 인걸은 가고/ 단아한 자취만이 남아/ 애닯기 그지없구나/ 파리한 사금파리 달빛 받아 눈부시다.

                        ― 졸시 "잊혀진 땅―순흥에 부쳐" 전문

# 행복을 낳는 사람들


 내 생애 결정적 영향을 미친 사람 중에는 단연 세 여인이 돋보인다. 첫 번째 여인은 몸소 실천으로 오남매를 가르쳐 사람으로 만드신 가냘픈 여장부 어머니요, 두 번째 여인은 가난한 살림살이에 지아비 뒷바라지하며 자식들 반듯하게 키워준 아내요, 마지막 여인은 때때로 어긋나기로 나를 무던히 애태우고 속썩이기도 했던 딸이다.

 물론 실망이 컸던 만큼 제자리를 찾아주어 커다란 기대와 행복을 준 딸이다. 이 놈은 조그만 얼굴에 귀엽고 발랄하며 사교적인 반면, 대범하여 도무지 겁이 없는 것이 문제라면 문제다.

 일곱 살 때인가. 한 살 터울에 제 사촌 여동생과 놀다가 그 아이의 장난감을 주워준다고 아랫집 지붕에 올라갔다가 떨어져 다친 일이며, 어울이지 않게 어렸을 때부터 의협심? 같은 것이 있었다.

 청소년이 되어 재주가 있는 것 같아 고등학교 때부터 미술공부를 시켰는데, 3년 동안 매일 방과 후 12시까지 미술학원에서 수없이 연습을 했다. 그러나 결국 자신이 원하는 대로는 진학하지 못하고 대학을 낮추어 가야만 했다.

 입학 초기부터 엠티다 오티다 해서 스트레스도 쌓였겠지만 술에 취해 새벽 한 두 시에 들어오기가 예사였다.

## 살며 생각하며

　이제 갓 스물의 계집아이 행동으로는 몇몇 문제아의 얘기로만 보아왔던 우리 부부에게 커다란 충격이 아닐 수 없었다. 그때마다 실망과 분노에 차 종아리에 피멍이 들도록 매를 때렸다. 절룩이며 다니기에 창피하기도 했으려니와 아비에 대한 반항심도 있으려니…. 안쓰러워 후회도 해보았지만, 아이 앞에서는 냉정하게 대했다.

　그러나 다음 날 저녁이면 "아버지 죄송합니다."하고 아무일 없었다는 듯이 제방으로 들어가곤 했다. 그런 날이면 미움과 실망이 봄눈 녹듯 사그라지고 마는 것이었다.

　대학을 졸업하고는 그 분야 학원에서 새로운 프로그램 공부를 마치고 프리랜서로 일을 시작했다. 그러나 재주도 부족했으려니와 제 말로는 디자인의 명문 H대학 출신들은 같은 일을 해도 대우를 잘 해주고 타 대학 출신들은 작품 자체를 과소평가한다는 것이었다. 게다가 밤새도록 눈을 부비며 컴퓨터 앞에 앉았다가 낮에는 퍼질러 잠자는 모습이 결혼을 앞둔 처녀로서는 바람직하지 않아 보였다. 그리하여 아버지 회사에서 할 일이 많으니 나오라고 했더니 마지못해 내 일을 돕기 시작했다.

　그러던 어느 날, "아버지께 의논드릴 일이 있어요."하며 컴퓨터 화면을 켰다. 디자인 명문 대학이라는 H대학의 편입생 합격자 명단이었다.

합격자 세 명 중 딸의 이름이 맨 앞에 있고, "합격을 축하합니다."라는 축하 메시지가 떠올랐다.

그 순간 지나간 날들이 주마등처럼 스쳐갔다. 생김새에 어울리지 않게 고집스럽던 미련퉁이, 부모 말에 고분고분 하지 않던 애물덩어리. 어찌 어찌하여 사무실에서 아비를 도와 일해보겠다던 현실이 또 한순간 허공 속에 날아가버리는 것이었다.

그러나 어찌하랴. 이제는 자유를 주어야지. 그 전부터 자유롭게 행동해온 아이이지 않는가. 아니 어쩌면 내가 묶여있던 그 애로부터 자유를 얻은 것인지도 모른다. 딸 아이가 그 분야의 명문대학에 갔다는 사실보다는, 심신의 고통을 참으며 어려운 일을 해낸 것이 더욱 자랑스럽다. 이제야말로 내 품안에서 벗어날 때가 된 것 같다.

영화 〈야성의 엘자〉에는 사자 새끼를 키워 자연으로 되돌려 보내는 장면이 있다. 처음에는 익숙지 못한 환경과 치열한 경쟁 속에서 어려움도 많이 겪겠지만 자신을 추슬러 도전하는 방법 또한 익힐 것이다. 그런 가운데 더욱 강해지고 깊은 인내를 배워 어른이 되어 가는 것이다. 내가, 우리들이 살아왔던 것처럼.

# 보통 사람과 성자 聖者

## 1

장가도 가지 않은 신부가 가족을 잘도 거느린다. 알츠하이머 라던가 뭐라던가 병명 자체도 가물가물한 치매 초기증상인 나로서는 잘 기억나지 않지만 무슨 작은 집이라던가 모임이라던가, 한국에서 돈을 벌려고 와 3D업종에 종사하며 고생하는 불법체류자들 주로 개발도상국에서 온 노동자들을 보듬고 도와주며 악덕업자들에게서 밀린 노임도 받아주는 보통사람.

그에게서 성직자 냄새라고는 찾아볼 수 없었다. 이슬람교도인 방글라데시, 인도, 파키스탄 사람들, 불교도인 네팔인, 캄보디아 등 나라도 생활방식도 종교도 각기 다른 그들이 '한국에서 제일 존경하는 사람'하면 서슴지 않고 그를 가리킨다.

그토록 독실한 이슬람교도가 자기 종교의 성직자보다도 적대시하는 기독교의 그 신부를 더 따르고 의지한다. 아이러니가 아닐 수 없다. 그 자신 그들을 돕는 일을 시작하면서 한 사람도 천주교에 귀의시키지 못했다며 '빵점 신부'라며 너털웃음을 웃는다. 한 술 더 떠서, 그들에게 개종을 요구하는 것은 임금을 착취하는 것보다 더 큰 것을 빼앗는 것이란다.

## 2

가랑비가 봄을 재촉하던 쌀쌀한 어느 일요일.

우리 문학동인들은 전철을 타고 별로 부유치 못한 신도시로 시동인詩同人인 목사님의 병문안을 간 적이 있다. 새로 지어진 덕분에 제법 깨끗한 병원에서 심장병으로 하마터면 유명을 달리할 뻔하였지만 천연덕스럽게 우리 일행을 맞는 그를 보며 우리는 안도와 반가움의 한숨을 쉬었다.

복도로 그를 이끌어 병원이 시끄러울 정도로 농담들을 주고받으며, "할 일이 남아서 하나님이 되돌려 보내신 것 같다."는 그의 말을 들었다. 나는 그 말이 맞을 거라고 생각했다.

그는 환갑을 훨씬 넘긴 나이임에도 불구하고 초등학교에 다니는 아들이 있다. 그들 부부가 핏덩이를 데려다 키웠다는 사실을 뒤늦게 알았을 때, 나는 나의 잘못된 시각에 부끄러움을 느끼지 않을 수 없었다. 뿐만 아니라 격동기 통역장교 출신임에도 목회자가 되어 빈민촌에 교회를 세우고 그들의 울타리가 되고 있다는 사실을 그날 처음 알게 되었다.

## 3

두 사람을 보면서 정이 가고 존경심이 솟는 까닭은 무엇일까? 아니 그 사람들이 점점 커 보이는 것은 무슨 까닭일까?

아파트가 들어서면서 새 동네가 생길라치면 벌써 어김없이 서 있는 십자가. '믿습니다.' '믿습니다.' 목이 쉬어 변성한 성직자의 열정과 정비례하여 비대해지는 건물과 드나드는 인파. 어려움에 처해있는 사람들과 그들은 아무런 상관이 없다.

그들은 보통사람들 곁에 있는지? 점점 멀어져 범접할 수 없는 높은 보료 위에 있는 것은 아닌지? 그러나 그들을 존경하지는 않는다. 무신론자인 내가 감히 성직자의 기준을 가늠한다는 것은 무리인 듯 싶다. 그 심판은 하느님 몫이 아닐까?

어렴풋 '민심은 천심이다.'라는 말이 생각킨다.

# 녹색 문학

## 1

 녹색시나 수필이라 하면 자연을 노래하는 시나 자연환경을 예찬한 문학이라고 생각하기 쉽다. 그도 물론 틀린 말은 아니겠으나 그와 아울러서 정신과 육체를 태우는 우리 사회생활 속에서 걸러낸 아름다운 사랑과 희망의 노래와 글들을 말함이 아닐까?

 녹색은 인간 내면의 사랑과 화합을 잉태하는 어머니요 유기적 토양이다. 또한 우리가 인내와 명상이나 수련을 통하여 반성하고 용서함으로써 순화된 선善의 에너지라고 할 수 있다.

 화가 잔뜩 났을 때 우리는 때로 '누구 때문이야.'라고 생각하며 곧바로 상대에게 앙갚음을 하기도 한다. 혹은 술을 흠뻑 취하도록 마시는가 하면 제 삼자에게 호소하거나 화禍를 전가시키는 경우도 있다.

 물욕이든 애욕이든 식욕이든 승부욕이든지 간에 모든 욕망은 피를 머리로 모아 부정적 에너지인 스트레스를 생산하게 한다. 이때 심호흡을 크게 하며 호젓한 길을 산책하면서 '나는 누구인가', '어디서 왔다가 어디로 가는가.'라는 명제를 놓고 명상에 잠긴다면 화는, 어머니가 우는 아이를 잠재우듯 다스려 지고, 욕망의 덧없음을 깨닫게 될 것이다.

 이와같이 녹색은 시기심, 분노, 투쟁으로부터 비폭력적이요, 세상을 하나로 만드는 긍정적 에너지, 즉 진솔함과 이해를 녹여 오염되지 않은 토양과 필요악을 비료로 재생산하는 햇볕이요 자연이요 생명의 원천인 것이다.

그러므로 녹색은 깨달음이요 화해요, 변화요 평화의 용광로인 것이다.

녹색시와 수필은 이와같이 우리 내면에서 걸러진 사랑과 희망과 자유를 노래하는 문학이라 생각된다. 가슴이 뜨거운 진솔한 삶은 바로 녹색환경이요, 가슴을 열어 용서하고 뉘우쳐 사랑으로 포용하는 마음은 그 토양 위에 비료를 뿌림이요, 여기에 바람을 불어넣으면 녹색 문학이 꽃을 피운다.

소외된 사람이라 할지라도 회한이 어리운 한 잔의 술을 음미하며 고독한 내면의 사랑과 자유와 평화가 가득한 노래를 부른다면 그 또한 녹색일 터이다.

## 2

푸르름은 희망이요 기쁨이다. 가슴이 벅차 오르는가 하면 발걸음은 뛰어오를 듯이 가볍다. 얼굴엔 가득한 웃음으로 누군가와 정을 나누고픈 마음이 불끈불끈 솟는다. 이 환경에서 싹튼 녹색시와 수필은 어두운 현실의 등불이요 이 시대 희망이다.

오늘날에는 암환자가 유행처럼 늘어간다. 욕심껏 많이 먹고 마음을 비우지 못하여 생기는 이 병은 현대인을 보고 아니 돌아가는 현세를 보고 하늘이 내린 처방이리라. 위장암, 간암, 폐암, 후두암, 골수암… 도박, 투기, 횡령, 권력 남용, 사기, 강도, 강간, 살인.

이 사회를 살아가는 우리 중에 누구라 이 암에서 자유로울 수 있을까? 암에 걸리지 않고 살아 갈 방법은 없을까?

 종교는 회개, 고해성사, 해탈하라 하지만 말로 행하는 것을 인간이 얼마나 지킬 수 있을까. 그리하여 이 암을 유발하는 삶의 찌꺼기를 태워 푸른 나무를 심는 작업이 바로 녹색 문학이 아닐까.

 과거의 많은 문학 작품들이 타자의 입장에서 방관자적 형태를 취한데 비해 좀더 진솔한 자신의 이야기를 담는 것이 녹색 문학이 지향하는 바가 아닐까. 우리 안에서 태워야 할 것을 태워 새로운 길을 열어가야 하는 일이 이 시대가 요구하는 문학이 아닐까.

 아름다운 풍경화를 그리기보다는 주위에서 일어나는 일들을 태워 아름다움으로 승화시킨 나만의 수채화를 그리고 싶다.

> 새들의 지저귐은 새 봄의 노래/ 나비는 아름다운 꽃의 유희를 즐기지만/ 당신은 침묵만 지키고 있습니다// 얼어붙은 대지에도 언젠가는/ 연약한 새싹이 솟아오르고/ 새 생명을 잉태합니다/ 그러나 당신은 알고 계십니다/ 모진 비바람과 가뭄을 견디고/ 맺은 열매가 튼실하다는 것을// 이제 알 것 같습니다/ 당신이 만드신 / 겨울 봄 여름 가을을
>
> ― 졸시 "윤회" 전문

## 살며 생각하며

녹색은 어우러짐이다. 녹색은 원색이 아닌 혼합색이다. 평화와 생명의 색이다. 그러므로 녹색이 있는 곳에는 공생과 풍요와 행복이 있다. 세상의 모든 전쟁은 흑백논리에서 시작된다. 더불어 평등하게 살기를 거부하는 사유思惟에서 시작되는 것이다. 그곳에는 자기 종교만이 유일신이요 자기 사상만이 인간 세계를 다스릴 수 있다는 아집과 적개심만이 있을 따름이다.

옛날에는 징기스칸이, 나폴레옹이, 네로가, 히틀러가, 일본 제국주의가 남의 나라를 짓밟고 억눌러 지배하에 두려는 독재자들이 있었다.

우리나라가 독립되어 민주주의를 택함은 민民을 근본으로 국민 모두가 평등하게 잘 살기를 원함이다. 우리에게는 불행하게도 또다른 사상이 싹트고 있어 3년간의 처절한 형제간의 싸움으로 모든 것이 잿더미가 되고 말았다.

그보다 더 무서운 것은 동족간의 불신과 모든 민족의 가슴이 황폐화되었다는 것이다. 독선적이고 거칠어 사회악은 극도에 달하고 화합과 번영의 길은 멀고 험하기 그지없다.

오늘날에는 자신들만 살려는 전쟁까지 벌어져 신도 용서하지 못할 침략과 살인이 자행되고 있다. 이스라엘의 팔레스타인 침공은 그 명분이 침략자로부터 자신의 국민들을 구한다는 것이지만 그 보다 위에 자기 나라의 패권을 위한, 아니 기독교 맹신자들의 이슬람교 탄압이 아닌가 하는 의혹을 지울 수 없다.

그보다 우리 한반도는 삼면 푸른 바다에 고등어, 명태, 오징어, 고래, 조기, 꽃게들의 보금자리요, 수려한 산하의 소나무, 떡갈나무, 참나무, 하늘이 빚어놓은 아름답고 웅장한 바위들이며, 복숭아, 포도, 사과, 배, 철철이 풍성한 오곡백과, 영특한 머리들이여!

북녘땅 헐벗은 이들의 죄는 무엇일까. 눈치를 살피며 삶과 죽음을 넘나드는 이들은 원죄자인가? 사상이란 무엇인가? 권력의 길은 어떤 것인가?

녹색은 또 하나의 사상이요 정체성이다. 김정은, 고이즈미 머리를 물들이고, 시진핑, 트럼프가 앞장서서 세상 모든 이들이 함께 가야 할 명제요 길이다.

녹색은 이 시대 첨단무기요 녹색문학은 첨병이다.

우리는 녹색기치를 높이 들어 앞장서 나아가야 한다. 그리하여 세상을 녹색물결이 넘쳐나는 자유, 평등, 평화, 화합, 희망의 나라로 나아가야 한다.

살며 생각하며 ──────────────

여명을 뚫고 바다가 달려온다
하얀 포말 앞세우고
푸른 기세 당당하다
아득하던 배들의 불빛
점점 다가와 대열에 합류한다

이윽고 태양이 떠오른다
세상은 온통 눈부신 금빛
가슴 벅찬 파도의 함성
이 행렬에 나는 무엇인가
우리는 무엇을 해야 하는가

— 졸시 "주문진의 아침" 전문

# 금아 琴兒

수필에 관심이 있는 사람은 다 알겠으나 금아는 피천득 선생의 호다. 나는 선생을 만나본 적이 없다. 하물며 강의를 들어보았을 리 없다. 그러나 나는 그를 좋아한다. 존경하기도 하려니와 그보다는 좋아한다는 표현이 더 적절하다.

그 까닭이 명산문인 〈수필〉이 있어서가 아니다. 우연히도 그분의 딸의 이름이 내 딸과 같은 서영瑞英이래서도 아니다. 그 보다는 산문 하나 하나에 진실과 사랑과 인정이 듬뿍듬뿍 배어있기 때문이다. 그는 여성스러운 신사다. 누구에게나 친밀감을 주며 남에게 칭찬하기를 좋아하되 나쁜 점을 들추어내지 않는다.

그가 〈수필〉에서 언급한 청자연적에서 난蘭이요, 학鶴은 바로 그 자신이다. 그는 심오한 지성을 내포하고 있다. 그는 소박한 삶을 원했고, 또 그렇게 산 것 같다. 그는 중국과 미국을 오가며 유학하는 동안 세계적인 문호, 학자들과 교류하면서 봄날 하늘 높이 날아오르는 종달새처럼 도약을 추구해 온 흔적으로 한 편의 글을 읽노라면 향기로운 인생길을 산책하는 것 같다.

그의 말대로 그의 글은 황홀한 색깔을 지녔다거나 흥분시키는 일이 없다. 그러나 어떠한 작품이든 대하기 수월하면서도 산만하지 않고 우아하다. 그의 생활처럼 그의 작품 속에서는 향락과 야망을 찾아볼 수 없다. 그렇다고 그가 그저 나약하거나 방관자적 입장으로 삶을 살아온 것은 아니다.

살며 생각하며

 오히려 작가 자신의 주변에서 일어난 일들을 솔직담백하게 그려내 온화한 향기를 풍겨낸다. 그 향기는 읽는 이로 하여금 잔잔한 감동과 친밀감을 느끼도록 해준다. 그렇기 때문에 나는 그의 글, 그의 향기를 좋아한다.

# 사모곡 思母曲

　어머니는 돌아가시기 1년 전 84세가 되시던 정월에 치매가 발병되어 돌아가시는 날까지도 모시고 있던 나와 아내에게 '오빠', '아줌마'라고 불렀고 늘상 밥을 안 준다고 성화하셨다. 그런 어머니였기에 돌아가신 후 한 동안은 슬픔이라던가 어머니에 대한 절절한 그리움이 별로 들지 않았던 것이 사실이었다. 그러나 살아가면서 어려움을 겪을 때마다 꿈 속에서 어머니를 보곤하는 것은 무슨 까닭일까.
　오늘밤도 사업문제, 자식들 장래를 생각하며, 잠을 이룰 수 없어 거실에 나가 소파에 앉으려다가 문득 어머니가 살아 생전에 실례를 하여, 그래서 딸아이가 락스로 깨끗이 닦으려다 그 독으로 인하여 변색되어 버린 이 소파를 보며 새삼 어머니가 그리워진다.
　6·25 동란을 겪으면서 그 시대 여인네들이 그랬듯이 어머니 또한 철원에서 멀리 함경도, 그것도 지도의 북쪽 끝에 붙은 산골 삼수三水까지 시집을 가셨고 전쟁 때 자유를 찾아 월남하는 동안에 고생이야 밥먹듯 하셨겠지만 정작 어머니가 내게 큰 교훈을 주신 것은 그 후의 일이다.
　내 고향인 가평은 지금에야 물 맑고 공기 좋은 곳으로 유명하지만 휴전 후에는 거의 폐허가 되어 있었다. 아버지가 공직에 계시다가 북한군에게 돌아가신 6·25 동란 후 어머니는 누님과 우리 네 형제를 홀로 키우셨다.

## 살며 생각하며

어머니는 그 황량한 벌판에서 봄이면 냉이랑 새싹을 뜯어 배급 밀가루를 조금 넣어 만든 수제비로 우리 형제의 땟거리를 해결해 주셨다. 어렵게 하루하루를 연명하면서도 어머니는 미군부대에서 빨랫감을 가져다가 한 겨울 손이 저려오는 냇물에서 하루종일 빨래를 하셨고 밤새 재봉틀 일을 하셔야만 했다. 또한 군부대에서 잔밥을 머리로 이어다가 돼지를 키워 자식들의 학비를 마련해 주셨다.

그 당시는 누구나 가난한 처지였지만 부부가 함께 농사를 짓거나 장사를 하는 사람들도 자식들을 몇 명씩 중등학교에 보내는 일은 그다지 쉽지 않았다. 어머니는 어린 나에게 그때부터 존경의 대상이 되어 어려운 일이 닥쳐도 꺾이지 않고 해낼 수 있다는 굳은 의지를 심어주셨다.

막내인 나는 초등학교 5학년 때인가 여름방학이 끝날 무렵, 우리 동네 개구쟁이들과 함께 개울 하나 건너에 있는 원두막에서 참외서리를 한 적이 있었다.

모두들 마대 자루에 참외며, 수박을 몇 개씩 따 가지고 돌아설 무렵 원두막 영감님에게 들킨 것이다. 혼비백산한 우리는 자갈밭을 달려 냇물을 건너서 도망쳐 왔다. 다행히 물이 깊어 영감님은 냇물 건너에서 고래고래 소리만 질러댔다.

다음 날 그 영감님은 우리 동네를 다니면서 갖은 욕설을 퍼질러댔다. 우리들은 방 안에서 혹은 외양간 뒤에서 모두 숨을 죽이고 쥐 죽은 듯 있었다. 물론 동네 어른들도 감히 대꾸를 하지 못했다. 그때 어머니가 나가셔서 몇 백환인가를 주시면서 아이들이 철이 없어 한 짓이니 한 번만 용서해 달라며 사정을 하셨다. 영감님은 한참 후에야 분을 삭히며 투덜거리고 돌아가셨다.

이윽고 불호령이 떨어졌고, 어머니는 분노의 눈물로 내 종아리를 내리치셨다. 어머니가 매를 든 것은 그때가 처음이자 마지막이었다. 어머니는 애비없는 자식이라는 말을 듣게 하지 않으려고 남들에게는 유하셨지만 불의 앞에서는 매우 엄격하셨다.

어머니는 옛날 여인네들이 그랬듯이 집 안에서 한글을 깨우친 정도요, 현대식 교육을 받은 적이 없다. 그러나 몸소 보여주신 근면함과 절약, 굳은 의지는 지금의 나를 만들어 주었으며 내 생의 영원한 이정표가 되고 있다.

이 밤을 지새우며 나는 어머니의 따뜻한 품이 새삼 그리워진다. 한편 연약하고 비뚤어지기 쉬운 우리 자식들에게 부모의 진정한 사랑을 다시금 일깨워주고 몸소 실천해 보여주어야 겠다고 다짐해 본다.

## 긍정이라는 구슬


 '사노라면 언젠가는 밝은 날도 오겠지' 이 노래는 희망을 부르고 있습니다.
 이 노래를 지은 사람은 꽤나 열악한 환경에 처해 있었나 봅니다. 그러나 현실을 밝게 내다보고 살겠다는 열망이 가득합니다. 그래서 이 노래가 '쨍하고 해뜬 날' 이온 것입니다.
 사람이 동물과 다른 점은 세상 어디든지 갈 수 있다는 것입니다. 어제를 돌이켜 생각하고 내일을 내다보며 오늘을 살아간다는 것입니다. 조물주가 인간에게 준 무기는 호랑이 같은 이빨도 아니오 사자 같은 발톱도 아니오 그렇다고 해서 코끼리 같은 힘도 아닙니다.
 다만 '긍정적 사고'라는 힘을 준 것입니다. 그리하여 인간은 극도의 고난과 혼란 속에서 하늘이 무서운 줄을 깨달아 그 전파자의 실체와 함께 신으로 받들어 찬양하고 믿는 것입니다.
 만약 신을 부정한다면 자제하지 못하는 인간의 욕망으로 하여 얼마나 무서운 일들이 벌어질 것이며 공포와 혼란과 고난으로 잠 못 이루는 밤이 되겠습니까?
 인간의 마음 속에는 누구나 긍정과 부정의 양 날을 가지고 있습니다.

긍정은 긍정을 낳고 부정은 부정을 낳습니다. 부정은 썩은 날이요 긍정은 살아 있는 날입니다. 부정은 캄캄한 밤이요 긍정은 밝은 낮입니다. 부정은 파멸이요 긍정은 도약입니다.

세상의 모든 빛나는 일들은 긍정이 만들어 갑니다.

긍정은 모든 일을 가능하게 하며 강하게 만들며 환한 얼굴이 되게 합니다.

그리하여 모든 발전의 원동력입니다.

심지어 긍정이라는 구슬은 죽음도 삶으로 바꾸어 놓습니다.

긍정이라는 구슬은 이처럼 눈부시지만 가만히 들여다 보면 볼수록 눈으로 머리를 통해 우리 몸 속에 자리잡는 습관이 있습니다.

# 아름다운 색깔

올림픽 경기장에 만국기가 펄럭입니다. 오륜기는 참 예술이요 화합입니다. 대륙마다 색과 링으로 어울린 모습은 정말 세계를 하나로 묶은 듯 합니다. 나라마다 국기 또한 나름의 의미와 색깔을 지닌 상징이요 정체성입니다.

흑 백 청 홍 노랑을 조화롭게 배합한 국기들이 어우러져서 문화와 예술을 만들어 냅니다. 그 중에서도 더욱 아름다운 색깔은 역시 오렌지색과 초록색 같은 난暖 계열의 색깔입니다. 이 색깔들은 따듯하고 친근감을 주는가 하면 대화와 화합, 그리고 자연을 사랑하는 자애를 연상시켜 주기 때문입니다.

붉은 색을 강조한 국기들에서는 어딘지 모르게 강하게 호전성을 느낍니다. 우리는 흑과 백을 좋아하는 민족입니다. 국난을 겪으면서 확실한 자신의 정체성을 요구받아 하는 어디에든 소속되어야 했기 때문입니다.

세계의 여러 나라들이 녹색운동을 펴는 것은 표면적으로는 자연보호운동으로 나타나지만 자연보호뿐만 아니라 인간성 회복이라는 궁극적인 목표가 있는 것입니다.

이제는 작은 우리테두리를 벗어나 상대방을 이해하고 화합하는 색깔을 지녀야 하겠습니다. 아름다운 녹색을 내 안에서부터 사랑하여 가족과 사회에 물들여 나아가 온 세상이 녹색 물결로 뒤덮이는 날이 오면 모든 사람들이 행복하고 지구촌은 영원히 행복한 세상인 단 하나의 별이 될 겁니다.

# 아들아 딸아, 신바람을 내 보렴

 가슴 속을 스미는 한 겨울 칼바람이 지나가면 노오란 개나리, 풋풋한 사랑의 진달래, 청순한 목련, 이윽고 화사한 벚꽃을 피워내는 봄바람이 사랑을 잉태할 듯한 설레임을 가져다 준다.
 내가 살아오는 동안 봄은 몇 날이나 있었는지? 긴 겨울을 살아 온 세월을 반추해 보면, 봄이 내게 머무르지 않은 것은 어쩌면 신바람을 불어오지 못한 내 탓 일게다.
 전쟁으로 폐허가 된 거리에서 흩날리는 먼지가 아니면 폭풍한설을 맞으면서 봄내음은 범접하지 못할, 잠깐 스쳐가는, 가슴 속에만 담아놓은 공주의 모습이었을지 모르겠다.
 아들아 딸아, 오늘도 바람을 느끼지 못하는 불행한 사람들이 있구나! 신나는 바람을 일으키지 못한다면 무슨 일에 재미가 있을 것이며, 그 삶의 장벽을 어떻게 헤쳐나아 갈 수 있겠니? 곤경에 부딪힐 때마다 슬기롭게 신바람을 일으켜 에너지로 삼았으면 좋겠구나.
 우수수 부는 산바람 강바람은 나무꾼과 뱃사공의 땀을 씻어주듯이 힘든 사람에게 불어주는 시원하고 고마운 바람이구나. 사랑과 신뢰를 받는 신바람 이면에 분노와 증오는 언제나 맞바람에 숙어들겠지?

살며 생각하며

바람은 누구에게나 새로움과 설레임, 그리고 용기를 가져다 주지만 때로는 타인의 눈살을 찌푸리게 하거나 가정의 풍파를 가져오는 바람도 있단다. 일확천금을 꿈꾸는 도박이나 꽃바람이 지나치면 바람을 피우는 부정적 살바람으로 바뀌어 가정이 풍지박산이 되기도 하고 인생 끝장나기도 한단다.

꽃잎이 우수수 날리는 날에는 누구나 한 번 쯤 싱숭생숭한 꽃바람을 맞기도 할 것이다. 그러나 한계를 넘는 꽃바람을 가정에서는 잠재워야 하겠지? 이성을 향한 제어되지 않는 바람이 불면 불행의 회오리로 변하기 때문이지.

우리가 모두 일으켜야 할 바람은 사람을 미치게 만드는 바람도 아니요, 치맛바람도 아니요, 용서와 이해, 그리고 잔잔한 화해와 사랑으로, 누구에게나 기분좋게 만들어 밝고 힘이 솟는 신바람이 아니겠니?

어느 봄날에

사랑하는 아버지가

# 어울림


전통가요는 우리나라 사람이라면 누구나 좋아한다
한때 젊은이들 사이에 외국 팝송이 유행한 때도 있었다
최근에는 K-팝이 세계를 주름잡더니 한국영화가
이제는 K-푸드 K-뷰티에 세계인들이 매료되어
K-... K-...가 또 얼마나 세계로 뻗어 나아갈지
자못 궁금하다

   나이가 들면서 우리의 전통클래식인 민요가 좋아지더니
요즈음은 가요와 접목한 젊은이들의 노래 또한 듣기 좋다
언젠가부터 오케스트라 하모니가 내 귀에 들어왔다
그 장엄하면서도 때로 애절한 선율은 인생의 파노라마다
내 귀가 이렇듯 바뀐 것은 무엇때문일까?

   외로웠던 세상살이 때문일까?
모래알같은 우리 근현대 사회사때문일까
아니면 편가르고 모함하는 선량들 때문일까
외부와 담을 쌓고 사는 젊은이가 50만명이라니
우리 사회에 고독사가 늘어가는 까닭은 무엇일까

   어디에든 누군가와도 잘 어울리는 사람이 되는 길은 무엇일까

# 내가 본 부처님

세계 제2차 대전이 1945년 일본과 독일의 패망으로 막을 내리고 한반도에는 남과 북에 민주국가와 공산국가가 세워졌다. 그러나 5년도 채 안되어 남북전쟁으로 전 국토가 다시 폐허가 되고 말았다.

3년 전쟁을 휴전한 이후에도 남한에서는 4.19학생혁명과 5.16군사혁명을 거치면서 국가재건운동으로 국민들의 살림이 안정될 즈음 다시 대통령 시해사건으로 12.12군부쿠데타에 또 이에 대항하는 5.18민중봉기가 일어났고, 또 사회가 안정을 되찾을 즈음 이번에는 IMF라는 파고가 밀어닥쳐 경제가 위태로웠다.

이러한 격동기를 살아오면서 당시의 한국인이라면 누구나 겪었듯이 나 역시 주경야독의 지독히도 가난했던 청년기를 거쳐 일찌감치 사업에 뛰어들었다. 말이 사업이지 여건이 되지도 않는 억지춘향이었다. 뿐만아니라 나의 성품이 워낙 외골수인데다 빈손으로 시작한 사업이 평탄할리 없었다.

이러구러 40여년 세월이 흘러 평지풍파 산전수전을 다 거치는 동안 심신은 누더기가 되고 몸은 종합병원이요 머리는 열이 식을 날이 없었다. 이의 처방을 위해 이곳저곳을 기웃거리다가 찾은 곳이 산사였다.

불교에서는 누구나에게 "성불成佛하라"는 덕담을 잊지 않는다. 부처가 되라는 말은 인간이 사람다운 삶을 살기 위해 진리에 정진하라는 말일게다.

사람의 가슴 속에는 선과 악, 모두가 잠재해 있다는 것이다.

고요한 자기 수행을 통해 진리가 무엇인가? 깨달음의 지혜로 그 실행의 길을 가는 삶이야 말로 승려뿐만아니라 올바른 불자, 아니 모든 인간이 가야 할 길이 아닐까 생각된다.

우리 사회가 흔히 여성어머니 불자들이 주류를 이루는 불교를 모태 신앙 母胎信仰으로 여기는 사람들이 많은데, 이것은 잘못된 사고다. 불교는 불佛 법經典 승僧의 삼보三寶, 즉 시공時空을 초월하여 붓다佛의 법經典을 통해 수행함으로써 인간이 가지고 있는 감정인 칠정 七情, 喜怒哀樂愛惡慾 기쁨, 노여움, 슬 픔, 즐거움, 사랑, 미움, 욕심을 자신의 수행僧을 통하여 슬기롭게 다스릴 수 있도록 시스템화 되어 있는 종교이다.

불교는 중도中道다. 즉 양극을 배제한 조용한 가운데 인간다운 사람을 만들어가는, 어쩌면 이데올로기ㅇㅇ主義나 종교를 뛰어넘는 초월과 아우름의 종교이다. 붓다佛의 법經典에 따라서 지혜롭고 끝없는 자기 수행僧으로 부처가 되고자 하는 성찰의 길을 걷는 자유롭고 고독한 종교이다.

그러므로 불도를 닦는 마당절에서는 내뱉음이 없다. 안으로 삭히어修行 얻는, 칠정의 다툼이 고요한 평온으로 귀결되어 온 몸에 퍼지며 안온함이 찾아올 뿐인 것이다.

시인 조명 **주병오의 시 세계**

## 주병오 시인

1947년 경기 가평 출생.
중앙대학교와 연세대학교 대학원에서 수학.
1997년 「시와산문」으로 등단.
시집 「천지에서」 「겨울소나무」.
제6회 한국녹색수필상, 제5회 아시아시인상 수상, 대통령상(출판문화부문) 수상.
한국문인협회 회원, 한국녹색시인협회 회원, 〈광화문〉 시동인.

# 천지에서

길 잃고 헤매이던 영혼
창백한 반쪽 얼굴로 오늘을 비추어 본다

바다를 돌아돌아 머나먼 지평선 끝자락
가문비 낙엽송 원시림 숲 지나
자작나무마저 하얗게 누워버린
설한雪寒의 백두白頭에도
한 많은 민초民草들이 모진 뿌리 내려
해맑은 새끼들로 꽃피우고 있다

아! 나는 누구인가
피 끓어 뛰는 가슴
휘 돌아보지 못한 옹졸함
타인의 아픔 따위는 아랑곳하지 않았다
그러나 오늘 두 뺨을 적시는 이 끈끈함

불러도 불러도 안개 속에 흩어지는 메아리뿐
그들과 내가 정녕 남이 아님인가

## 평화의 날개
### －꿈이여 꿈이여

녹슨 철조망 넘어 유라시아 기차에 몸을 싣고
덜컹거리는 역사의 회오리 잠재우며
이제는 따듯한 시베리아 초원을 달린다

그 옛날 태초의 어머니가 떠나온 바이칼
뼛속 깊이 시린 호수를 온몸에 담고
태양이 다시 뜨는 신세계를 달린다

한 세기 전 연해주에 일구어 온 생生
황량한 서아시아에 내동댕이쳐진 이들의
자유와 평화를 목 놓아 불러본다

이제 그 메아리 카파도키아 시리아를 건너
사하라 사막까지 울리어 앙골라 초원에도
코끼리 눈망울에 비둘기 날고 있다

## 겨울 소나무

겨우내 눈서리에도 푸르름 간직한 채
늘 푸르게 살라하네
뿌리까지 언 발 내보이며
혈관을 얼리지 말라 하네

인고의 세월
옹이 허리 곧추세우고
어리석은 낙망에 빠진 자
슬기 찾으라 하네

깎아지른 절벽 바위에서도
하늘 우러러 고개 치켜들고
절개 있으라 하네
기상 품으라 하네

헐벗은 신의 손으로
삶을 기워가며
사육신 넋 낙낙장송되어
뭇 새들 쉬어가라 하네

## 수묵화 水墨畵

화선지에 스며드는 발묵 潑墨
수줍음 가득 숨겨진 나신 裸身
새하얀 세상에 두루마기 무명치마
말총갓 검은 물동이
침묵이 내려앉아 안온하다

   매 梅
혹독한 눈보라 위에 피워 낸
아리따운 절개여 청순함이여
춘향의 넋인가 눈망울인가
꽃은 가엾으나
실한 열매 맺는구나

   난 蘭
간드러져 휘어진 자태
순박한 누나의 향기
범접할 수 없는 기품
안으로 안으로만 사모하는
신비의 여인이여

국菊

아름다우나 화려하지 않은
멀어질수록 가슴 속 그리움
빼어났노라 피는 꽃들 떠난
늦가을에 찬 서리 머금고
떠난 이를 그리는 꽃이여

죽竹

하늘 우러러 한 점 부끄럼 없노라
휘어질지언정 결코 꺾이지 않는
지조와 절개 고고한 선비
비우고 또 비워 가벼운 육신
그대는 고고한 딸각발이

## 박쥐 보살

새도 아닌 쥐도 아닌 너는
어느 세상에 동물이냐
기울진 종용의 인간사보다
안온한 행실의 소유자여

밤을 도와 살아가는 너는
양심 있는 동물이더냐
허물 감추고 대낮 활보하는
족속은 아닌 게지

절반의 하루를 동굴 속에서
갈구하는가 묵도하는가
속세를 떠난 무아지경의 너는
고행수도 보살인 게지

영욕 따라 돌고 도는
혼돈 속 눈 시린 세상
차라리 거꾸로 보는 네가
현명한 족속일 게다

## 설마 雪馬

설마를 타고 미지의 세계를 달립니다
눈 내리는 설원
캄캄하고 험준한 산중
태양이 내리쬐는 사막
때로는 헤어날 수 없는
나락으로 떨어지기도 합니다

여민 옷깃 사이로 봄이 찾아옵니다
소리 없이 내리는 보슬비
새싹 위에 은빛 구슬을 타고
활짝 핀 봄꽃으로 다가옵니다
설마는 우리를 헤섧게 하지만
풀잎에 영롱한 이슬입니다

우리는 오늘도 설마를 타고 달립니다
설마는 고삐가 풀려 있지만
그 말을 탈 수밖에 없습니다
어두움 속 무거운 시름이 가득하면
잠시 초인으로 다가오는
마지막 믿음이기 때문입니다

# 어제와 내일을 조우遭遇하며, 끝없이
# 삶의 쓰레기를 태우는 작업

  오늘날 인간 사회는 과학이 눈부시게 발달하여 토끼가 떡방아를 찧던 달 나라에 인간의 발자국을 남기는가 하면 손바닥만 한 핸드폰 하나로 세상 돌아가는 모든 일을 꿰뚫 수 있고 뿐만 아니라 의학은 인체의 뇌를 비롯하 여 얼굴, 폐, 간 등 장기臟器를 모두 바꾸어 다른 사람을 만드는 시대에 살고 있다.

  문학 또한 시대에 따라 화두와 장법章法이 새로이 변천해 가는 것을 느낄 수 있다. 하지만 문학, 장르를 좁혀 현대 시에서 푸시킨의 삶이 그대를 속일 지라도, 엘리엇의「황무지」타고르의「기탄잘리」… 한국 현대 시의 초기 작 품인 김소월의「진달래꽃」, 박목월의「나그네」, 한용운의「님의 침묵」, 김영랑 의 모란이 피기까지는 윤동주의「서시」이상의「날개」, 정지용의「향수」, 서정주의「무등을 보며」등등 주옥같은 수많은 시들이 밤하늘의 별처럼 이 시대 우리에게도 가슴 설레게 한다. 어찌 보면 시 세계에서는 시차를 느낄 수 없는 것 같다. 문학은 시공時空을 초월하는 학문이요 예술이 아닐까?

  나의 시심이 싹트기 시작한 것은 전쟁으로 폐허가 된 전후 암울한 시절 초등학교 사학년 때인가 싶다. 처음으로 등사기를 밀어 교지가 창간되었고 내가 쓴 동시가 거기에 실리게 되었는데 60년이 훌쩍 지난 지금도 그 글이 기억된다.

## 갈대

길가에 갈대는 나와 친한 친구야
내가 학교 갈 때면
공부 열심히 하라고
손짓해 줘요

길가에 갈대는 나와 친한 친구야
집으로 올 때는
잘 가라고
손짓해 줘요

그 후 중학교를 마치지 못하고 서울로 올라와 주경야독하며 청소년기를 보내면서 아름다운 꽃을 향하여 손을 내밀 비위조차 없었고, 도시의 새로운 건물이 높이를 더 할 때마다 그저 비켜서서 방관자적 입장으로 항상 무엇인 가에 쫓기어 종종거리던 젊은 시절, 삶의 무게에 눌리어 사유思惟마저 담지 못한 텅 빈 가슴은 삶의 꼭두각시였다.

울혈을 억누르며 사십여 년 동안 책을 만드는 지성의 목수 일을 해 오면 서도 정작 나의 꿈을 실현할 설계를 제대로 세우지 못하는 우愚를 범해 사 색의 시간마저 허투루 보내어 뒤늦게 황폐했던 나의 내면세계를 바로 세우는 일이 여간 어렵지 않았다. 젊은 시절 미래를 꿈꾸며 새로운 길을 모색해 보고자 간간이 일간지 신춘문예에 시랍시고 응모하였으나 몇 차례 위로의 심사평만 날아올 뿐 희망이 보이지 않았다.

## 우리 떠나자

빌딩 숲 사이를 오가는 분주한 하루
밤늦은 거리를 헤매는 시대의 치한들
반쯤 박힌 빔들이 별들을 받들고 섰다

오늘도 갇혀버린 대머리 아이들
불놀이로 밤을 잊은 거리
끝내 한바탕 분탕질로 끝난다
이제 기름때 옷을 벗고
우리 떠나자
가고 또 가도 언제나
우리의 아침은 들끓고 있다

눈부신 태양은 또다시 떠오른다
창을 열면 상큼한 햇살
우리는 날마다 희망을 먹고 산다
버짐 먹은 유년의 머리에
녹색 물감 덧칠하고 이제
잃어버린 산맥으로 떠나자

가끔은 숨 고르고 태백산을 오르며
반짝이는 은어와 쉬리도 만나러 가자

## 이브의 설레임

눈을 뜨면 풀잎에 이슬같은
영롱한 설레임을 만납니다
오늘은 무엇을 할까
또 누구를 만날까
설레임이 하루를 스쳐갑니다
때로는 실망과 무거운 절망
고독과 슬픔 괴로움과 그리움
즐거웠던 행복의 시간도 모두
설레임이 가져온 실루엣입니다
설레임은 꿈을 잉태하고
사랑을 만들고
새로운 에너지를 만들고
그 동력은 새 하늘을 열어 갑니다
설레임은 창조자가 이브에게 준
사랑이라는 선물입니다
시 시계는 사랑과 상처의 향기
시는 나룻배를 스쳐 가는 강바람
해와 별 그리고 바다 꽃나무 바위…
시는 설레임으로 만난 바람의 노래입니다

40년 동안 '나를 만드는 책'을 만든 것이 아니라 주로 '삶을 위한 책'을 만드는 일에 매진하다 보니 지천명의 나이에 겨우 정신줄을 찾아 오랫동안 소중히 모아두었던 국문학서, 역사서, 고사성어, 민속사전, 속담, 시론, 시 해설집, 시문학사, 국내외 시인들의 시집 등을 탐독하면서 뒤늦게 시 쓰는 작업을 다시 시작하게 되었다.

 이때 '시가 무엇인가?' '어떻게 써야 하는가?"에 대해 고민하던 나에게 "많은 상식을 배경으로 체험을 요구하며 내면세계를 그려내도록" 채찍질해 준 이는 고 이충이 시인으로 그는 평생 문학 계간지 '시와산문을 통하여 젊은 이들의 시 쓰기를 뒷받침해 주고 격려해 주었다.

 더불어 김재황 시조 시인의 격려와 20여 년 동안 〈광화문〉 시인들의 열정에 힘입어, 청소년 시절에 굵적이던 습작을 더듬으며, 삶의 여행길에서 설렘과 목메임으로 '아려오는 우리 근대사와 나'를 뒤돌아본 대로 느낀 대로 200여 편을 써서 시집 「천지에서」 「겨울 소나무」 두 권을 발간하였다.

 우리 민족의 영산 백두산에서 사나운 눈보라에 누운 자작나무며 양지에 피어난 이름 모를 하얀 꽃들, 바로 근대사에서 고향을 떠나 간도를 유랑하던 우리 민초들이 나의 눈시울을 적시게 했다.

 그 후 연해주를 떠나 시베리아-유라시아에서도 버려졌던 우리 민족의 모습을 보았다.

이어 구소련의 국가들로 독립을 위하여 희생을 치렀던 아제르바이잔-조지아-성서 아라랏산의 나라 아르메니아, 중세 지배자 오스만의 터키를 지나 지금도 화약 냄새가 풍기는 보스니아-슬로베니아-세르비아, 지중해 평화의 나라 크로아티아-그리스-이탈리아-프랑스-스페인, 그리고 북미 대륙-고대 유적과 멕시코만의 휴양지 멕시코-쿠바 등지에서도 나라 잃고 처절하게 살아온 우리 민족의 눈물겨운 노래가 들려오는 듯했다.

그러나 아직도 나를 찾는 작업을 끝나지 않았다. 더불어 '나의 작품 세계' 운운하기가 여간 부끄럽지 않다.

거울에 내 얼굴을 비추어 본다. 아직도 어색하고 무표정한 낯선 모습. 이제라도 그와 함께 울고 웃으며 가슴 속 대화를 나누고 싶다.

앞에서 언급했던 필자의 의도와는 달리, 흔히 '시인을 시대의 대변자'라 하는데 그 까닭은 그 시대에서 새롭게 태어나는 언어와 사물, 그리고 일상에서 일어나는 사건들을 관념적으로 투영하여 민들레 홀씨처럼 널리 흩날리는 역할을 하기 때문이 아닌가 싶다.

필자가 지나온 시절의 시들을 돌이켜 보면, 주로 시대적 체념과 고발, 자연과 사랑을 노래하던 시대와 독재에 항거하여 저항시가 요원燎原의 불길처럼 울분을 노래하던 시대를 거쳐 왔지만, 이제는 잊혀가는 추억 속의 아련히 남겨진 흔적과 치열한 삶들의 현장에서, 다가올 지구의 환경까지 사랑의 눈빛으로 바라보고 싶다.

이어령 교수가 남긴 「흙 속에 저 바람 속에」에서부터 노후에 이르기까지 늘 새롭게 바라보며 탐구하는 자세로 '어린아이의 굴렁쇠가 세계의 화합을 이루어낸 서울올림픽에서 우리 문화, 철학, 역사의 온고지신溫故知新을 가슴 속에 새겨, 금빛 태양이 떠오르는 희망의 아침 바다에서 설레는 가슴으로, 때로는 물새들 노래하는 호숫가에서 꽃과 나비 벌들, 풀잎의 이슬, 숲속에 사는 작은 생명들, 아니 이 세상 모든 사물에 담긴 큰 뜻을 헤아려 보려 한다.

도시와 벽지, 전쟁과 평화, 가상의 세계와 현실 등 사람이 사는 모든 공간을 들여다보는 체험과 '사람을 만드는 책' 읽기를 통해 신경림 시인의 말처럼 "눈이 어두워지니 보이지 않던 것이 보이더라."는 혜안을 찾아, 나는 세상에 어떤 존재일까? 내면세계를 새롭게 직시하며 새로운 세계와도 조우遭遇 하여 생동감 있는 이데아의 이미지를 그리는 작업을 게을리하지 않아야겠다.

죽는 날까지 삶의 쓰레기를 태워 한 알의 진주를 만들어 보려는 꿈을 내려놓지 않으련다

# 나를 세우고 확장하는 시 쓰기
−주병오 시인의 시들

**황정산** 시인, 문학평론가

시는 일인칭의 문학 장르이다. 시인이 자신의 생각과 느낌을 자신의 언어로 표현하는 것이다. 때로 퍼소나를 통해 다른 목소리를 내기도 하지만 그것 역시 시인의 또 다른 자아이다. 이렇듯 시의 언어는 시인의 언어이고, 시에서의 주인공과 화자도 역시 시인의 인격으로부터 크게 벗어날 수 없다. 이런 의미에서 시를 쓴다는 것은 시인 스스로 자신을 돌아보고 자신의 정체성을 확립해 가는 과정이기도 하다.

주병오 시인 역시 고된 삶의 여정 속에서 잊고 살고 있던 진정한 자신의 내면을 찾기 위해 시 쓰기라는 힘든 길을 선택한 것으로 보인다. 그의 시에 이런 고투의 흔적이 여실히 드러나 있다. 다음 시에서는 그가 어떤 가치를 추구하며 살고 싶어 하는지 그의 정신적 지향이 잘 나타나 있다.

> 겨우내 눈서리에도 푸르름 간직한 채
> 늘 푸르게 살라 하네
> 뿌리까지 언발 내보이며
> 혈관을 얼리지 말라 하네

인고의 세월
옹이 허리 곧추세우고
어리석은 낙망에 빠진 자
슬기 찾으라 하네

깎아지른 절벽 바위에서도
하늘 우러러 고개 치켜들고
절개 있으라 하네
기상 품으라 하네

헐벗은 신의 손으로
삶을 기워가며
사육신 넋 낙낙장송되어
뭇 새들 쉬어가라 하네

- 「겨울 소나무」 전문

  시인은 겨울 소나무에 자신을 감정 이입한다. 1연에서는 눈 속에서도 푸르게 사는 소나무를 보고 뜨거운 혈관을 가진 푸른 청춘의 열정을 잃지 않고자 한다. 2연에서는 오랜 세월을 거치면서 옹이 진 허리를 곧추세우고서 있는 소나무 모습에서 희망을 잃지 않는 슬기를 배운다. 3연에서의 소나무는 절벽 위에 우뚝 서서 절개와 기상을 보여준다. 하지만 시인이 좀 더 강조하는 정신은 바로 마지막 4연에 있다. 그것은 포용의 정신이다.

"헐벗은 신의 손으로 삶을 기워" 간다는 것은 욕심 없는 가난한 마음으로 타인의 결핍을 채워주며 "뭇 새들 쉬어가라 하며 자신의 품을 내어주는 소나무처럼 약하고 힘든 이웃을 보살필 수 있는 겸양과 사랑의 자세로 살겠다는 시인의 다짐이 이 마지막 연에 잘 나타나 있다.

「수묵화」라는 시는 시인의 가치관을 사군자의 특성을 빌어 표명하고 있다. 그중 대나무 부분만 인용해 보자.

> 죽竹
> 하늘 우러러 한 점 부끄럼 없노라
> 휘어질지언정 결코 꺾이지 않는
> 지조와 절개 고고한 선비
> 비우고 또 비워 가벼운 육신
> 그대는 고고한 딸깍발이
>
> ―「수묵화」부분

대나무는 "휘어질지언정 결코 꺾이지 않는/ 지조와 절개"의 상징이다. 그러기 위해 권력이나 재물 같은 모든 세속적 탐욕을 "비우고 또 비워 가벼운" 육신과 정신을 갖고자 한다. 시인은 그런 가치를 지켜내며 고고한 선비와 자신을 동일시한다. 그렇게 살아서 결국 "하늘 우러러 한 점 부끄럼 없는" 윤동주 같은 시인이 되리라고 꿈꾸고 있기 때문이다.

주병오 시인은 이렇게 자신의 정체성과 가치관을 시를 통해 확립하는 것에 그치지 않고, 더 나아가 자신의 생각을 좀 더 실천적 사회의식으로 확대해 나간다.

바다를 돌아돌아 머나먼 지평선 끝자락

가문비 낙엽송 원시림 숲 지나

자작나무마저 하얗게 누워버린

설한雪寒의 백두白頭에도

한 많은 민초民草들이 모진 뿌리 내려

해맑은 새끼들로 꽃피우고 있다

아! 나는 누구인가

피 끓어 뛰는 가슴

휘 돌아보지 못한 옹졸함

타인의 아픔 따위는 아랑곳하지 않았다

그러나 오늘 두 뺨을 적시는 이 끈끈함

불러도 불러도 안개 속에 흩어지는 메아리뿐

그들과 내가 정녕 남이 아님인가

─「천지에서」 부분

   시인은 백두산에 올라 천지를 바라보며 나 아닌 타인의 삶을 돌아보지 못한 자신을 반성하고 있다. 그리고 자신이 사는 남한이 아닌 또 다른 반쪽에 사는 사람들의 삶도 우리의 삶의 일부임을 문득 깨닫고 그들이 결코 "남이 아님"을 역설하고 있다. 타인의 삶을 돌아볼 때 더 나아가 우리와 대치하고 있는 우리의 또 다른 반쪽을 생각할 때 이 땅에 비로소 "해맑은 새끼들로 꽃피우고 있는" 진정한 생명과 행복의 땅이 되리라고 믿고 있다. 나는 또 다른 나인 타자에 의해서만 완성된다는 철학적 각성의 시간을 시인은 경험한 것이다.

이러한 각성은 시간을 거슬러 역사와도 만나게 된다.

> 녹슨 철조망 넘어 유라시아 기차에 몸을 싣고
> 덜컹거리는 역사의 회오리 잠재우며
> 이제는 따듯한 시베리아 초원을 달린다
>
> 그 옛날 태초의 어머니가 떠나온 바이칼
> 뼛속 깊이 시린 호수를 온몸에 담고
> 태양이 다시 뜨는 신세계를 달린다
>
> 한 세기 전 연해주에 일구어 온 생生
> 황량한 서아시아에 내동댕이쳐진 이들의
> 자유와 평화를 목 놓아 불러본다
>
> 이제 그 메아리 카파도키아 시리아를 건너
> 사하라 사막까지 울리어 앙골라 초원에도
> 코끼리 눈망울에 비둘기 날고 있다
>
> ―「평화의 날개 전문

시인은 유라시아 횡단 열차를 타고 시베리아를 달리면서 과거 연해주에서 쫓겨나 황량한 서아시아 땅으로 이주한 우리 민족의 고통을 생각하며 자유와 평화가 얼마나 소중한지를 깨닫고 있다. 그런 "역사의 회오리" 안에서의 우리 민족이 과거에 겪은 신산한 삶과 그 안에서의 노력들이 결국 세상을 "코끼리 눈망울에 비둘기 날고 있는 평화로운 세상으로 가게 하는 역사적 실천이었음을 시인은 우리에게 알려주고 있다.

그런 희망으로 바라본 시베리아 벌판은 과거 참혹한 전쟁과 추방의 고통으로 얼룩진 불행의 땅이 아니라 "태양이 다시 뜨는 신세계로 나아가는 새로운 약속의 땅이 된다. 주병오 시인은 이런 역사 인식을 통해 세상에 평화와 자유가 얼마나 소중한 것인지를 우리에게 다시 일깨우고 있다.

이렇게 시인으로서 삶을 산다는 것은 시 쓰기를 통해 자신의 가치관을 확립해 가는 과정을 받아들이는 일이기도 하다. 하지만 그것은 화려하거나 영광스러운 것과는 거리가 멀다. 그런 광명을 추구하고 살기보다는 시인은 반대로 어둠과 고독을 감내하며 살아야 하는 존재이다. 그래서 주병오 시인은 시인으로서의 자신을 박쥐와 동일시 하고 있다.

> 절반의 하루를 동굴 속에서
> 갈구하는가 묵도하는가
> 속세를 떠난 무아지경의 너는
> 고행수도 보살인 게지
>
> 영욕 따라 돌고 도는
> 혼돈 속 눈 시린 세상
> 차라리 거꾸로 보는 네가
> 현명한 족속일 게다
>
> ―「박쥐 보살」 부분

어두운 동굴 속에서 속세와 단절하며 홀로 고행을 하는 박쥐는 세속적인 욕망으로부터 벗어나 이상을 지향하며 더 나은 세상을 꿈꾸는 시인과 닮았다. 그런 박쥐와 시인을 주병오 시인은 "고행수도 보살"이라고 이름 붙인다. 그리고 그들은 혼돈 속 세상을 견디기 위해 차라리 거꾸로 매달려 세상을 뒤집어 보고 있다. 그렇게 볼 때 사람들이 미처 보지 못한 세상의 진실을 마주하게 되는 것이다.

시인의 역할이 바로 그런 것이다. 사람들이 볼 수 없거나 보지 않으려는 진실을 시인만의 뒤집힌 시각으로 포착해 낼 때 시인은 진정 세상에 없어서는 안 될 존재가 된다. 주병오 시인은 오늘도 이 길을 위해 삶의 쓰레기를 태워 한 알의 영롱한 언어의 진주를 만들고 있다.

**황정산**
1993년 「창작과비평」으로 평론활동 시작.
2002년 「정신과표현」으로 시 발표.
저서 「주변에서 글쓰기」 「쉽게 쓴 문학의 이해」 등.

이 도서의 국립중앙도서관 출판예정도서목록(CIP)은 서지정보유통지원시스템 홈페이지(http://seoji.nl.go.kr)와 국가자료공동목록시스템(http://www.nl.go.kr/kolisnet)에서 이용하실 수 있습니다.(CIP 제어번호 : CIP2015027052)

한국대표시인선 122

# 겨울 소나무 2

초판1쇄 인쇄 | 2025년 6월 10일
초판1쇄 발행 | 2025년 6월 15일

지 은 이 | 주병오
펴 낸 이 | 장병환

펴 낸 곳 | 도서출판 시와산문사
등록번호 | 제1987-000010호
주　　소 | 03173 서울시 종로구 새문안로 5가길 11(내수동) 옥빌딩 503호
전　　화 | (02) 738-5955
F A X | (02) 738-5595
e-mail | sisanmun2@daum.net

값 13,000원
ISBN 979-11-93032-08-4

* 저자와의 협의에 의해 인지를 생략합니다.
* 잘못된 책은 바꾸어 드립니다.